Einzelpreis M. 16.— Vorzugspreis M. 12.—

ABHANDLUNGEN AUS DEM GEBIETE DER SEXUALFORSCHUNG

Herausgegeben im Auftrage der

Internationalen Gesellschaft für Sexualforschung von

Redigiert von Dr. MAX MARCUSE, Berlin

Band IV Heft 2

Der menschliche Samen in der gerichtlichen Medizin

Von

Prof. Dr. F. Straßmann

Mit vier Abbildungen im Text

BONN 1922

A. MARCUS & E. WEBERS VERLAG

Der menschliche Samen
in der gerichtlichen Medizin

I. Nachweis der Zeugungsunfähigkeit

II. Feststellung eines Sittlichkeitsverbrechens

Von

Prof. Dr. F. Straßmann

Geh. Medizinalrat

Mit vier Abbildungen im Text

BONN 1922

A. Marcus & E. Webers Verlag (Dr. jur. Albert Ahn)

Otto Wigand'sche Buchdruckerei G. m. b. H., Leipzig.

Es sind zwei bedeutungsvolle Fragen auf dem Gebiete der gerichtlichen Medizin, bei denen der Nachweis und die Prüfung des menschlichen Samens von entscheidender Bedeutung sein kann: der Beweis einer Zeugungsunfähigkeit und die Feststellung eines Sittlichkeitsverbrechens. Andere gelegentlich auftauchende Fragen treten gegenüber diesen beiden wesentlich zurück und bedürfen nur beiläufiger Erörterung. Ebenso liegt es nicht im Zwecke dieser Arbeit, die gerichtsärztliche Technik des Samennachweises erschöpfend darzustellen, wenn auch Hinweise auf die einzelnen Methoden an den notwendigen Stellen werden erfolgen müssen. Für die Kenntnis dieser Methoden kann auf die letzte umfassende Darstellung von P. Fraenckel in dem von Lochte herausgegebenen Handbuch der gerichtsärztlichen und polizeiärztlichen Technik[1]) verwiesen werden. Die Hauptaufgabe dieser Schrift soll es sein, einen Einblick zu gewähren in die auf gerichtsärztlichem Gebiet vorkommenden Fragestellungen, in die Art, wie wir sie zu lösen haben und somit in die Art unserer Wirksamkeit.

I. Der Nachweis der Zeugungsunfähigkeit.

1. Die gesetzlichen Bestimmungen.

Aus mannigfacher Veranlassung kann das Gericht ein ärztliches Gutachten über vorhandene Zeugungsunfähigkeit verlangen. Auf strafrechtlichem Gebiet kann es sich in erster Reihe darum handeln, ob eine vorsätzliche Körperverletzung jene bewirkt hat und sich damit als schwere im Sinne des § 224 des geltenden Strafgesetzbuches darstellt. Dieser Paragraph bedroht mit erhöhten Strafen eine Körperverletzung, die den Verlust eines wichtigen Gliedes des Körpers, des Sehvermögens auf einem oder beiden Augen, des Hörvermögens, der Sprache oder der Zeugungsfähigkeit oder eine erhebliche dauernde Entstellung oder den Verfall in Siechtum, Lähmung und Geisteskrankheit zur Folge gehabt hat. Die Strafe ist Zuchthaus bis zu 5 Jahren oder Gefängnis nicht unter einem Jahr; bei mildernden Umständen (Strafgesetzbuch § 228) Gefängnis nicht unter einem Monat. Die Strafe tritt ein, auch wenn in bezug auf den schweren Erfolg weder Vorsatz noch Fahrlässigkeit auf seiten des Täters vorliegt. War der eingetretene Erfolg beabsichtigt, so ist auf Zuchthaus von 2 bis 10 Jahren zu erkennen (§ 225). Mildernde Umstände sind dann nicht zulässig.

[1]) Wiesbaden 1914, J. F. Bergmann.

Der Entwurf zum neuen deutschen Strafgesetzbuch (sogenannter Entwurf von 1919) hat die bisherige kasuistische Fassung der schweren Körperverletzung aufgegeben. Hier ist in § 294 gesagt:

„Hat die Körperverletzung eine schwere Schädigung des Körpers oder der körperlichen Gesundheit zur Folge, so ist die Strafe Gefängnis nicht unter drei Monaten.

Ist der Verletzte im Gebrauch seines Körpers oder seiner Geisteskräfte lange und bedeutend beeinträchtigt worden, in gefährliche und langdauernde Krankheit verfallen oder ist er lebensgefährlich verletzt worden, so ist die Strafe Zuchthaus bis zu 5 Jahren."

Und § 295 sagt:

„Wer durch eine Körperverletzung absichtlich herbeiführt, daß der Verletzte im Gebrauche seines Körpers oder seine Geisteskräfte lange und bedeutend beeinträchtigt wird oder in gefährliche und langdauernde Krankheit verfällt, wird mit Zuchthaus bestraft."

(Mildernde Umstände, die eine Umwandlung der Zuchthausstrafe herbeiführen, sind nach diesem Entwurf bei allen Straftaten zulässig.)

Es ist anzunehmen, daß unser neues Strafgesetzbuch dem Entwurf in der Hauptsache folgen wird. Eine materielle Änderung des Gesetzes wird in dem uns hier beschäftigenden Punkt dadurch kaum herbeigeführt werden. Es ist wohl sicher, daß der Verlust der Zeugungsfähigkeit als eine schwere Schädigung des Körpers und ebenso als eine bedeutende Beeinträchtigung im Gebrauche des Körpers angesehen werden wird, und auch das Erfordernis des langen Bestehens der Störung wird zumeist erfüllt sein. In der Regel wird es sich ja um einen dauernden Verlust handeln.

Es sei erwähnt, daß frühere Strafgesetzbücher bis in das vorige Jahrhundert hinein die Entmannung oder die Bewirkung der Zeugungsunfähigkeit als ein besonderes Verbrechen behandelt haben, auf das teilweise Todesstrafe, teilweise Wiedervergeltung gesetzt war. Näheres siehe bei v. Liszt, Lehrbuch des deutschen Strafrechts [2]).

Die angeführten Strafbestimmungen der §§ 224 und 225 sind in der ärztlich-rechtlichen Literatur in neuerer Zeit wiederholt erörtert worden, insbesondere im Hinblick auf die vom Reichsgericht festgehaltene Auffassung, daß der ärztliche Eingriff, soweit er nicht durch die Zustimmung des Kranken gedeckt ist, als absichtliche Körperverletzung anzusehen ist. Es ergibt sich daraus, daß ein Operateur, der die Genehmigung nur zu einem leichteren Eingriff erhalten hat und bei der Operation der betreffenden Frau entdeckt, daß eine volle Entfernung der Geschlechtsdrüsen erforderlich ist und sie alsbald ausführt, auf Grund des § 225 bestraft werden könnte. Für die hier uns beschäftigende Frage der männlichen Zeugungsunfähigkeit kommt derartiges wohl kaum in Betracht. Auch sonst haben sich besondere Schwierigkeiten in der Gesetzesauslegung bisher nicht gezeigt. Im allgemeinen ist gerade diese Art schwerer Körperverletzung übrigens recht selten und Gutachten über sie gehören nicht zu den gewöhnlichen Aufgaben gerichtsärztlicher Tätigkeit.

Eher sind uns schon Fälle anderer Art vorgekommen, in denen die Behauptung der Zeugungsunfähigkeit auf strafrechtlichem Gebiete erhoben wurde. Bei Sittlichkeitsverbrechen verschiedener Art (Notzucht, Blutschande u. a. m.), bei denen gleichzeitig eine

[2]) 12. u. 13. Aufl. Berlin 1903, S. 319.

Schwängerung des Opfers erfolgt sein sollte, wollte der angebliche Täter durch den Nachweis seiner Zeugungsunfähigkeit die Anschuldigung entkräften. Im zweiten Abschnitt wird hierauf noch zurückzukommen sein.

In weit größerem Umfange werden Gutachten über Zeugungsunfähigkeit von uns auf dem Gebiet des Zivilrechts erfordert. Hier kommt zunächst in Betracht die Bestimmung über die Anfechtung der Ehe. Der § 1333 BGB. besagt:

„Eine Ehe kann von dem Ehegatten angefochten werden, der sich bei der Eheschließung in der Person des anderen Ehegatten oder über solche persönlichen Eigenschaften des anderen Ehegatten geirrt hat, die ihn bei Kenntnis der Sachlage und bei verständiger Würdigung des Wesens der Ehe von der Eingehung der Ehe abgehalten haben würden.“

Ob eine von vornherein bestehende dauernde Zeugungsunfähigkeit als eine persönliche Eigenschaft des Ehemannes anzusehen ist, welche die vorstehend angeführten Bedingungen erfüllt, ist natürlich Sache richterlicher Entscheidung. Unter normalen Verhältnissen der Eheschließung wird die Frage wohl zumeist bejaht werden.

Bedeutend häufiger als solche Anfechtungsprozesse sind indes Rechtsstreitigkeiten wegen der Vaterschaft, in denen der Beklagte den Einwand der Zeugungsunfähigkeit erhebt. Überwiegend handelt es sich dabei um Ansprüche gegen den unehelichen Vater, über die der § 1717 des BGB. bestimmt:

„Als Vater des unehelichen Kindes im Sinne der §§ 1708—1716 gilt, wer der Mutter innerhalb der Empfängniszeit beigewohnt hat, es sei denn, daß auch ein anderer ihr innerhalb dieser Zeit beigewohnt hat. Eine Beiwohnung bleibt jedoch außer Betracht, wenn es den Umständen nach offenbar unmöglich ist, daß die Mutter das Kind aus dieser Beiwohnung empfangen hat.

Als Empfängniszeit gilt die Zeit vom 181. bis zu dem 302. Tage vor dem Tage der Geburt des Kindes mit Einschluß sowohl des 181. als des 302. Tages.“

Der gewöhnliche Verlauf solcher Rechtsstreitigkeiten ist der, daß der Vormund des unehelichen Kindes gegen den Mann klagt, der nach dem Zeugnis der Mündelmutter ihr innerhalb der Empfängniszeit beigewohnt hat. Der Beklagte kann dann den Einwand machen, wenn er den Geschlechtsverkehr innerhalb der Empfängniszeit überhaupt zugibt, daß dieser außer Betracht bleiben muß, weil er zeugungsunfähig sei und es daher den Umständen nach offenbar unmöglich ist, daß die Mutter das Kind aus dieser Beiwohnung empfangen hat. Aber auch, wenn er den Einwand der sogenannten Exceptio plurium mit Erfolg erhebt, wenn er nachweist, daß noch ein anderer der Mündelmutter innerhalb der Empfängniszeit beigewohnt hat, kann zugunsten der Klage behauptet werden, daß jener Dritte zeugungsunfähig ist und der Verkehr mit ihm daher außer Betracht bleibt. Wird in solchem Falle in der Tat die Zeugungsunfähigkeit eines Dritten dargetan, so entfällt der Einwand der Exceptio plurium und der Klage des Vormundes wird, falls sonst keine Einwendungen bestehen, nachgegeben. Es ist die jetzt gültige Gesetzesauffassung — was nicht allgemein bekannt ist —, daß der zweite Satz des § 1717 sich auf den ersten, wie auf den zweiten Teil des ersten Satzes bezieht.

Auch für die eheliche Geburt ist bestimmt, daß sie angefochten werden kann, wenn es den Umständen nach offenbar unmöglich ist, daß die Mutter das Kind aus dem Verkehr mit dem Ehemanne empfangen hat (§ 1592 und 1720 des BGB.). Auch hier kann die Behauptung einer derartigen offenbaren Unmöglichkeit auf Grund der Zeugungsunfähigkeit des Ehemannes aufgestellt werden. Auch hier gelten übrigens die gleichen Zeitgrenzen, der 181. und der 302. Tag. Es ist aber dem hierüber handelnden § 1592 des BGB., und zwar gerade auf Grund von Wünschen aus ärztlichen Kreisen, ein zweiter Absatz zugefügt worden, durch den der ausnahmsweise vorkommenden Verlängerung der Schwangerschaft Rechnung getragen werden soll. Es heißt hier:

„Steht fest, daß das Kind innerhalb eines Zeitraums empfangen worden ist, der weiter als 302 Tage vor dem Tage der Geburt zurückliegt, so gilt zugunsten der Ehelichkeit des Kindes dieser Zeitraum als Empfängniszeit."

In der Praxis spielt diese Bestimmung besonders dann eine Rolle, wenn eine Witwe länger als 302 Tage nach dem Tode des Mannes niederkommt und die Zeugung des Kindes durch den verstorbenen Ehemann behauptet. Dann kann also das Kind, trotzdem die normalen Grenzen der Empfängniszeit überschritten sind, für legitim erklärt werden, wenn es nach der Überzeugung des Gerichts feststeht, daß es von dem Verstorbenen erzeugt worden ist.

Wie kann das feststehen?

Die herrschende Auffassung geht dahin, daß zur Bildung einer entsprechenden Überzeugung des Richters zwei Dinge notwendig sind: Er muß aus dem Leumund der Witwe die Überzeugung erlangt haben, daß ein außerehelicher Verkehr von ihr nicht anzunehmen ist, er muß aus dem ärztlichen Gutachten weiter die Überzeugung gewonnen haben, daß die Geburt des Kindes innerhalb dieser längeren Zeit nach der Empfängnis möglich ist. Ein solches ärztliches Gutachten setzt natürlich voraus, daß die Schwangerschaft nicht über die erfahrungsgemäß vorkommende Zeit verlängert ist und daß keine Zeugungsunfähigkeit des Verstorbenen während seiner letzten Lebenszeit anzunehmen ist.

Hingewiesen sei endlich auf die Bestimmungen über Kindesannahme. Eine Adoption seitens einer noch nicht 50 Jahre alten Person ist danach nur unter besonderer Genehmigung der Landesregierung zulässig, und diese verlangt in solchen Fällen ein ärztliches Gutachten, daß die Erzeugung natürlicher Kinder von der die Adoption beabsichtigenden Person nicht zu erwarten ist. —

Auf die gelegentlich heranzuziehenden Bestimmungen des Gesetzes betreffend die Beurkundung des Personenstands und die Eheschließung wird bei der Besprechung des Pseudo-Hermaphroditismus noch später kurz einzugehen sein.

2. Die medizinischen Unterlagen.

Es wird nicht notwendig sein, an dieser Stelle in ermüdender Vollständigkeit alle Abnormitäten aufzuzählen, die männliche Zeugungsunfähigkeit bewirken, d. h. verhindern können, daß befruchtungsfähiger, also spermatozoenhaltiger Samen ins Innere der weiblichen Geschlechtsteile dringt. Es sei hierfür auf die Lehrbücher der gerichtlichen Medizin, insbesondere auf die neuesten Werke von Rieke[3]) (Dittrichs Handbuch der Sachverständigentätigkeit Bd. 5) und Haberda[4]) (Hofmann-Haberdas Lehrbuch der gerichtlichen Medizin) hingewiesen. Hier findet man alle Entwicklungsstörungen und krankhaften Veränderungen verzeichnet, welche die Hoden zur Samenabsonderung unfähig machen oder den Weg des Samens nach außen sperren. Es handelt sich dabei zum Teil um recht seltene Affektionen, von denen manche auch schon deshalb nicht in Betracht kommen, weil sie doch in der Regel nur einseitig wirken (Verschluß der Arteria spermatica, Durchtrennung des Nervus spermaticus u. a. m.). Aber auch andere, die sonst von größerer Bedeutung sind, spielen in der gerichtsärztlichen Praxis keine Rolle[5]). Uns sind bisher Fälle nicht vorgekommen, in denen ein ausgesprochener Eunuchoidismus oder eine Dystrophia adiposogenitalis oder allgemeine Fettsucht einem Rechtsstreit zugrunde lag, oder in denen eine Atrophie der Hoden auf Entzündung dieser bei akuten Infektionskrankheiten (z. B. Parotitis epidemica) außer Gonorrhöe zurückzuführen war, oder in denen als Ursache einer solchen Verkümmerung Medikamente bzw. chemische Gifte[6]) in Betracht kamen. Die Zustände, die wirklich in der gerichtsärztlichen Praxis eine Rolle spielen, sind im wesentlichen die folgenden:

Eine von vornherein bestehende Verkümmerung (Aplasie) der Hoden, öfter verbunden mit beiderseitigem oder einseitigem Zurückbleiben in der Bauchhöhle. Daß bei einem solchen Kryptorchismus ausnahmsweise die Hoden sich soweit normal entwickeln können, daß sie spermatozoenhaltigen Samen liefern und eine Befruchtung möglich ist, lehren einzelne Beobachtungen, insbesondere die zeitlich schon etwas zurückliegende Mitteilung von Beigel[7]).

An eine solche Abnormität würde sich anreihen die normale Funktionsunfähigkeit der Hoden bei jugendlichen Individuen. Die untere Grenze der Zeugungsunfähigkeit liegt nach unseren Untersuchungen hier bei dem vollendeten 14. Lebensjahre; wir haben bei unseren Leichenuntersuchungen in den Samenblasen oder Samengangsampullen jüngerer Individuen bisher nie Spermatozoen nachweisen können. Einem französischen Autor, Leprince[8]), ist dies schon gelegentlich bei Personen im Alter von 13½ Jahren ge-

[3]) Lief. 51 u. 52. Wien u. Leipzig 1916, Wilhelm Braumüller.

[4]) 10. Aufl., 1. Teil. Urban & Schwarzenberg 1919.

[5]) Gleiches gilt von der von Posner beschriebenen Funktionsunfähigkeit der Hoden bei normalem anatomischen Befund. Klin. Woch. Nr. 6, 1922.

[6]) Man nennt als solche z. T. mit wohl zweifelhafter Berechtigung: Blei, Brom, Alkohol, Morphium u. a. m.; nur für Störungen der Samenbildung durch Alkohol liegen positive Erfahrungen (Simmons, Götte) vor. Dagegen hat uns die durch Röntgenstrahlen bewirkte Zerstörung der samenerzeugenden Elemente des Hodens schon beschäftigt, sie war in dem betreffenden Falle freilich nicht eingetreten. Vgl. hierzu auch die erst mit Abschluß dieser Schrift erschienenen Aufsätze von Ketterer und Markarts. D. med. Woch. Nr. 14, 1922.

[7]) Virchows Arch. Bd. 38. Neuere Mitteilungen von Ziebert usw. Zeitschr. f. Sexualwissensch. 1918, Nr. 18.

[8]) Thèse de Paris 1892.

lungen. In der Mehrzahl der Fälle beginnt die Zeugungsfähigkeit sicher erst später. Es ist mehrfach hervorgehoben worden, daß die sonstigen Erscheinungen der eingetretenen Pubertät trotz Vorhandenseins wohlausgebildeter Samenfäden noch fehlen können.

Das Gegenstück hierzu stellt die in hohem Alter eintretende Funktionsunfähigkeit der Hoden, die sich anatomisch durch Gewebsschwund mit gleichzeitiger stärkerer Bildung braunen Farbstoffes äußert, dar. Hier ist eine obere Grenze insofern nicht zu geben, als auch in Leichen von Personen höchsten Greisenalters noch Samenfäden gefunden werden, so daß die Unfruchtbarkeit in solchen Fällen wohl mehr auf einen Verlust der Beischlafsfähigkeit als der Zeugungsfähigkeit im engeren Sinne zurückzuführen ist. — Bemerkt sei bei dieser Gelegenheit, daß die dem behandelnden Arzte öfter vorkommenden rein nervösen Störungen des Ejakulationszentrums bei erhaltener Funktion des Erektionszentrums in der gerichtsärztlichen Praxis uns bisher nicht entgegengetreten sind.

Vereinzelt wurde als Ursache einer nachweisbaren Atrophie der Hoden eine vorangegangene mechanische Verletzung vom Charakter der Quetschung angegeben. Daß solche Quetschung in früherer Zeit auch ein Verfahren gewesen ist, um Eunuchen zu gewinnen, ist bekannt. Das Gewöhnliche und Sicherere war allerdings und ist wohl noch das Herausschneiden der Hoden. Auf die interessanten entsprechenden Mitteilungen von Pelikan[9]) u. a. über die Skopzensekte kann hier nur hingewiesen werden. Die Frage, ob nach erfolgter vollständiger Kastration noch ein einmaliger, vielleicht auch mehrmaliger befruchtender Beischlaf möglich ist, wurde neuerdings wieder zur Erörterung gestellt. Schmalfuß (Ärztl. Sachverständigenzeitung 1919)[10]) ist geneigt, sie zu bejahen, da in seinem Falle noch länger als 6 Monate nach erfolgter Kastration bei der von Eugen Fränkel ausgeführten Leichenöffnung Spermatozoen in den Samenblasen gefunden wurden.

Wiederholt wurde uns gegenüber die Behauptung vorhandener Unfruchtbarkeit auf eine tatsächlich stattgehabte Erkrankung an Lues gestützt, ohne daß etwa eine syphilitische Affektion der Hoden[11]) selbst festzustellen war oder auch nur behauptet wurde. Es lag eher eine allgemeine vage Vorstellung, daß Lues Unfruchtbarkeit bedinge, vor, für die gelegentlich von den wegen unehelicher Schwängerung Beklagten die Unfruchtbarkeit ihrer Ehe unterstützend angeführt wurde. Störungen in der Beschaffenheit des Samens fehlten bei der Untersuchung durchweg.

Demgegenüber kommt der im Gefolge einer Gonorrhöe eingetretenen doppelseitigen Nebenhodenentzündung als Ursache männlicher Unfruchtbarkeit auch in der gerichtsärztlichen Praxis die gleiche überragende Bedeutung zu, wie es auf klinischem Gebiet dank besonders den Untersuchungen Fürbringers seit längerem

[9]) Gerichtlich-medizinische Untersuchungen über das Skopzentum. Gießen 1876. Vgl. Obolonsky, Vierteljahrsschr. f. gerichtl. Med. N. F. Bd. 48; Bogdan, ebenda, Oktober 1914.

[10]) Nr. 21.

[11]) Eine wirkliche Zerstörung der Hodensubstanz durch tertiäre Lues (und ebenso durch Tuberkulose) ist natürlich anders zu beurteilen.

feststeht. Sie ist insbesondere die vorwiegende Ursache der Azoospermie, des Fehlens der Samenfäden in dem sonst nicht auffallend abweichenden Sperman. Wir haben allerdings eine solche angeblich früher von Ärzten festgestellte Azoospermie in manchem unserer Fälle, bei denen sich ganz normales Sperma ergab, nicht bestätigen können. Ob bei den früheren Untersuchungen Fehler begangen waren oder ob die Behauptung des Beklagten über das angebliche Untersuchungsresultat falsch war, ließ sich nicht prüfen. Wir möchten einen sicheren Schluß, daß die Prognose der Azoospermie günstiger ist als im allgemeinen angenommen wird, daher aus diesen Erfahrungen nicht ziehen.

Über die Bedeutung der außer der Azoospermie noch vorkommenden Abnormitäten des Sperma in bezug auf Menge und Bewegungsfähigkeit der Samenfäden, über Oligospermie, Asthenospermie und Nekrospermie wird im nächsten Absatz noch zu sprechen sein. Hier sei bezüglich der zuletztgenannten Anomalie nur folgendes bemerkt:

Wie jetzt feststeht, handelt es sich bei der Nekrospermie, d. h. bei dem Befunde bewegungsloser Samenfäden im frischen Sperma, ganz überwiegend jedenfalls nicht um einen wirklichen Tod der Spermatozoen. Die Ruhelage entspricht vielmehr dem natürlichen Verhalten der Spermatozoen, das sie auch beim Aufsaugen aus den Hoden zeigen und das in der Hauptsache nur geändert wird durch den Hinzutritt normaler Prostata-Absonderung. Unter ihrem Einfluß beginnt erst die — freilich auch schon auf dem Wege vom Hoden zur Samenblase durch Zutritt der Absonderung im Nebenhoden gelegener Drüsen vorübergehend vorhandene — lebhafte und charakteristische Bewegung der Spermatozoen. Der Befund einer Nekrospermie, deren unvollkommene Form die Asthenospermie darstellt, bedeutet also zumeist eine Erkrankung der Vorsteherdrüse, eine Störung in ihrer Absonderung. Zumeist handelt es sich auch hier um Nachkrankheitszustände einer Gonorrhöe.

Noch in anderer Weise vermag die Gonorrhöe die männliche Fruchtbarkeit zu stören. Schwere Verengerungen der Harnröhre können im Stadium der Erektion zu einem vollständigen Verschluß werden, so daß die ejakulierte Flüssigkeit im oberen Teile der Harnröhre bleibt oder auch in die Harnblase zurückfließt, jedenfalls erst nach Erschlaffung des Gliedes abfließen kann.

Gelegentlich ist uns auch eine in ihrer Entstehung nicht ganz klargestellte Verengerung der Harnröhre unmittelbar an der Mündung vorgekommen, die nach der glaubhaft klingenden Schilderung des Betroffenen in gleicher Weise wirkte. Auch eine Phimose ganz besonders hohen Grades sollte nach Angabe eines Untersuchten den Austritt des Sperma verhindern, während in einem anderen Falle einer gleich schweren Vorhautverengerung der Ehemann von Beiwohnungsversuchen überhaupt Abstand genommen hat.

Dieser zuletzt erwähnte Fall hat insofern besonderes Interesse, als bei ihm die Frage der künstlichen Befruchtung zur Sprache kam, die im ganzen höchst selten, in unserer Praxis nur dies eine Mal, den Gerichtsarzt beschäftigt hat.

Der Ehemann klagte in diesem Falle auf Unehelichkeit des in der Ehe geborenen Kindes, weil er seiner Ehefrau überhaupt nicht beigewohnt habe. Diese, als Zeugin vernommen, gab das zu, erklärte aber, daß sie morgens, nachdem der Ehemann das Bett verlassen, öfter auf diesem ihm offenbar während der Nacht durch Pollution abgegangene Samenflüssigkeit bemerkt und, weil sie sich ein Kind wünschte, mit einer Kerze aufgenommen und in ihre Geschlechtsteile geführt habe. Auf diese Weise müsse sie schwanger geworden sein.

Ein als Sachverständiger vernommener, sehr namhafter Frauenarzt erklärte eine solche künstliche Befruchtung für unmöglich. Das Landgericht gab daraufhin der Klage des Ehemannes statt. Das Oberlandesgericht wies ihn aber in der Berufungsinstanz ab, da nach der Zeugenaussage der Frau doch ein ehelicher Verkehr stattgefunden habe, der — nach Angaben in der medizinischen Literatur — wohl Befruchtung bewirken könne. Das Reichsgericht hat dieses Urteil mit Recht aufgehoben, indem es aussprach, daß ein Vorgang, wie ihn die Ehefrau schilderte, niemals als ein ehelicher Verkehr im Sinne des Gesetzes angesehen werden könne, der ohne weiteres eine Präsumption für die Ehelichkeit des während der Ehe geborenen Kindes gebe. Es wies die Sache in die Vorinstanz zurück, in der über die Frage der künstlichen Befruchtung noch weiter Beweis zu erheben sei. Wie der Zivilprozeß schließlich ausgegangen ist, haben wir nicht erfahren, wohl aber wurde unser Gutachten in dem nebenher laufenden Strafverfahren gegen die Ehefrau wegen Meineids eingeholt. Da sie als Zeugin jeden außerehelichen Verkehr bestritten hatte und da andererseits jene Autorität eine Zeugung durch den von ihr geschilderten Vorgang für unmöglich erklärt hatte, wurde geschlossen, daß sie die Unwahrheit beschworen haben müsse. Sie ist dann vom Schwurgericht freigesprochen worden, nachdem das Gutachten unserer Anstalt dahin abgegeben war, daß die Schilderung der Angeklagten zwar nicht sehr wahrscheinlich klinge, daß aber eine Unmöglichkeit einer solchen künstlichen Schwängerung nicht behauptet werden könne. P. Fraenckel, der als mein damaliger Assistent das Gutachten vertrat, hat im Anschluß hieran die Frage der künstlichen Befruchtung eingehend erörtert[12]). Er weist besonders hin auf die überaus günstigen Erfolge, die mit der Einspritzung männlichen Samens bei weiblichen Tieren in den großen Tierzüchtereien Südrußlands an Stuten und Kühen gemacht worden sind (Iwanow). Wenn die Versuche bei Menschen bisher nicht gleiche Erfolge gehabt haben, so liegt das wohl daran, daß die Methode eben nur bei sterilen Frauen angewendet wird und die Ursache der Unfruchtbarkeit hier häufig kein grob mechanisches Hindernis ist, das eben durch die Einspritzung überwunden werden konnte. Warum sonst gesunde und konzeptionsfähige Frauen durch einen geeigneten Samen nicht befruchtet werden können, wenn er statt durch das erigierte Glied durch eine Spritze an den äußeren Muttermund gebracht wird, ist nicht einzusehen. Denn die geschlechtliche Erregung der Frau beim normalen Beischlaf kann gewiß die Befruchtung erleichtern, hauptsächlich wohl durch Ausstoßen des Schleimpfropfes aus dem Gebärmutterhals, sein Eintauchen in die Samenlache und seine Zurück-

[12]) Ärztl. Sachverständigen-Zeitg. 1909, Nr. 9.

ziehung, nachdem er sich mit Spermatozoen beladen hat, notwendig zur Befruchtung ist sie sicher nicht, wie die Schwängerungen vergewaltigter und bewußtloser Frauen beweisen. Auch die vielfach festgestellte Schwängerung bei Eindringen des Samens nur in den Scheideneingang — die übrigens von Iwanow durch Tierversuche bestätigt wurde — ist in dieser Richtung zu verwerten. Sie wird bekanntlich durch die Eigenbewegung der Spermatozoen und die positiv chemotaktische Wirkung des Uterusinhalts im Gegensatz zum Scheidenschleim erklärt.

Rohleder hat das Problem erörtert, ob es zulässig ist, bei Nekrospermie dem vom Ehemann produzierten Samen die Prostataflüssigkeit eines gesunden anderen Mannes beizumengen und mit dieser Mischung, die nunmehr sich bewegende Spermatozoen enthält, die künstliche Befruchtung auszuführen. Er meint, daß ein solches Kind wohl als ehelich angesehen werden müßte, da die eigentlich konstituierenden Elemente der Frucht, Samenfäden und Eizelle, doch von den Eheleuten herstammen. Nachdem Iwanow gezeigt hat, daß ebenso Bewegung auslösend wie der Zutritt von Prostataflüssigkeit auch die einfache Verdünnung des Samens durch alkalische Lösungen wirkt, erscheint es nicht mehr nötig, auf jene immerhin etwas bedenkliche Mischung zurückzugreifen.

Für die Beurteilung der Zeugungsfähigkeit Verstorbener (s. o.) seien endlich als wichtig angeführt die Untersuchungen von Cordes[13]), der bei chronischen Krankheiten erst die höchsten Grade der bei langer Dauer eintretenden Kachexie die Spermatogenese aufheben sah, während sie im Verlaufe akuter Infektionskrankheiten mitunter auffallend schnell erlischt. Er fand übrigens Fettgehalt in den Hodenzellen als eine normale Erscheinung im geschlechtsreifen Lebensalter.

An letzter Stelle sei noch darauf hingewiesen, daß bei Pseudohermaphroditen, die bis dahin für weiblich galten, durch den Eintritt von Samenbildung und Samenabsonderung die männliche Natur des Individuums bewiesen werden kann. Es bliebe allerdings noch die Möglichkeit, daß es sich um einen echten Zwitter handelt, aber die Zahl der sicher festgestellten Fälle wahrer Hermaphroditen ist bekanntlich so gering, daß man in der Praxis von dieser Möglichkeit absehen kann. Hier handelt es sich gewöhnlich um die Frage, ob ein Geschlechtsirrtum vorliegt, ob — was der häufigere Fall ist und an dieser Stelle nur zu erörtern ist — ein in Wirklichkeit männliches Individuum für weiblich verkannt worden ist. Die Möglichkeit der Verkennung beruht ja in erster Reihe auf einer Entwicklungsstörung der äußeren Genitalien: der Geschlechtshöcker bleibt in seiner Ausbildung zurück, so daß er eher für einen Kitzler als für ein Glied gehalten werden kann, die Geschlechtsfurche schließt sich nicht und die Geschlechtsfalten vereinigen sich nicht, so daß die Hodensackhälften als große Schamlippen imponieren, die Vertiefung zwischen ihnen als Scheideneingang erscheint. Der Irr-

[13]) Virchows Arch. Bd. 151, H. 3, 1898. Neuere Untersuchungen über Degeneration des Samenepithels, die schließlich zur Hodenatrophie führt, bei chronischen Krankheiten mit allgemeinen Ernährungsstörungen, hat Götte angestellt.

tum wird dadurch noch begünstigt, daß zugleich Kryptorchismus besteht, die Hodensackhälften leer bleiben. Es ist bekannt, daß in solchen Fällen auch die sekundären Geschlechtsmerkmale (Bart, Stimme, Becken, Brüste) und die tertiären (Neigung zu Beruf, Beschäftigung und besonders geschlechtliche Neigungen) sich dem weiblichen Geschlecht entsprechend entwickeln können. Man nimmt jetzt an, daß in solchen Fällen die Geschlechtsdrüse entsprechend der ursprünglichen bisexuellen Anlage sich verschieden entwickelt hat, die eigentlichen der Fortpflanzung dienenden Teile in männlicher Richtung, das Zwischengewebe — die freilich noch umstrittene Pubertätsdrüse Steinachs — in weiblicher, und daß die von ihr ausgehenden Hormone die abweichende Gestaltung der sekundären und tertiären Geschlechtsmerkmale herbeigeführt haben[14]).

3. Die gerichtsärztlichen Aufgaben.

Wenn wir zunächst bei dem zuletzt besprochenen Punkte verbleiben, so haben wir öfter die Aufgabe zu erfüllen, dem Gerichte darzutun, daß eine bei der Geburt für weiblich gehaltene Person tatsächlich ein Mann ist. Auf Grund eines solchen Gutachtens kann dann das Amtsgericht dem zuständigen Standesamt eine Änderung des Registers aufgeben[15]). Ein solches Gutachten kann natürlich erstattet werden, wenn, wie gesagt, eine Samenbildung bei der fraglichen Person festgestellt ist. Es wird das allerdings nicht immer möglich sein, da die Geschlechtsdrüsen in derartigen Fällen häufig funktionsunfähig bleiben. Eine Geschlechtsumwandlung auch dann zu bewirken, wenn etwa bei einer Operation die Natur der Drüse als Hoden durch mikroskopische Untersuchung dargetan wird, während doch die ganze übrige Entwicklung des Körpers und die psychischen Eigenschaften das Individuum dem weiblichen Geschlecht zuweisen, halten wir für eine Überspannung des anatomischen Standpunktes und glauben uns nicht berechtigt, auf Grund solcher subtiler Feststellungen einen Menschen vielleicht unglücklich zu machen.

Wenn umgekehrt aber die männlichen Erscheinungen überwiegen, haben wir auch schon, ehe die Pubertät erreicht war und Samenbildung erfolgen konnte, eine Umschreibung veranlaßt. Man muß doch berücksichtigen, daß für das ganze Schicksal des Betreffenden es ein wesentlicher Nachteil ist, wenn eine solche Umwandlung erst verhältnismäßig spät erfolgt. Je eher sie geschieht, desto eher ist natürlich eine Anpassung an die veränderten Verhältnisse möglich. Der Entschluß, eine solche Person schon für männlich zu erklären, bevor das absolut beweisende Zeichen der Samenbildung vorhanden ist, wird uns durch die Erwägung erleichtert, daß erfahrungsgemäß die Zahl der wirklich männlichen Hermaphroditen größer ist als die der weiblichen, daß solche Zwitter auch, wie es scheint, als Männer im Leben besser vorwärts kommen.

[14]) Die erschöpfende Fundquelle für alle Fragen des Zwittertums bildet das Werk von Neugebauer, Der Hermaphroditismus beim Menschen. Leipzig 1908. Klinkhardt.

[15]) Wilhelm, Die rechtliche Stellung der Zwitter. Halle 1909, O. Marhold.

Natürlich ist die unbedingte Voraussetzung für ein solches Gutachten, daß kein Uterus vorhanden ist und eine etwaige Geburt ausgeschlossen werden kann.

Was die sonstigen Aufgaben des Gerichtsarztes anlangt, so geht aus den früheren Besprechungen hervor, daß uns zumeist obliegt, nicht die Zeugungsfähigkeit, sondern die Zeugungsunfähigkeit zu beweisen. Es ergibt sich daraus ein etwas abweichender Standpunkt gegenüber dem Arzt, der als Berater vor einer geplanten Eheschließung zugezogen wird. Auch in der Methode der Untersuchung bedingen die Verhältnisse ein verschiedenartiges Vorgehen. So kommt die von Ernst R. W. Frank[16]) empfohlene Untersuchung des Samens innerhalb der weiblichen Genitalien nach erfolgtem Beischlaf für uns nicht in Frage, so empfehlenswert sie für sonstige ärztliche Zwecke sein mag. Wenn Ehestreitigkeiten die Veranlassung zur Samenuntersuchung geben, so leben doch die Eheleute schon getrennt, eine Untersuchung der Frau nach Verkehr mit dem Manne ist ausgeschlossen; diesen zu einem außerehelichen Verkehr zu veranlassen, wird man aus den verschiedensten Gründen nicht verantworten dürfen. Daher entfällt auch eine solche Untersuchung, wenn unverheiratete Männer als Erzeuger eines unehelichen Kindes in Anspruch genommen werden. Es bleibt also nur der immerhin seltenere Fall, daß ein verheirateter Mann in dieser Weise in Anspruch genommen wird, aber auch in solchen Fällen werden wir kaum jene Untersuchung vornehmen können, die doch ein besonderes Vertrauensverhältnis zu dem Ehepaar voraussetzt, das wohl der behandelnde Arzt, aber nicht der Gerichtsarzt beanspruchen kann. Dagegen würde in einem solchen Falle die Untersuchung des beim ehelichen Coitus reservatus im Kondom aufgefangenen Sperma möglich sein. Ergibt sich dabei eine normale Beschaffenheit des Samens, so wäre die Frage zu Ungunsten des Beklagten, der Zeugungsunfähigkeit behauptet, mit Sicherheit entschieden. Ergibt sich ein Sperma ohne Spermatozoen, so wird der Befund wohl zumeist genügen, um die Klage zu seinen Gunsten zu entscheiden. Denn eine Unterschiebung eines von einem Azoospermatiker und nicht von dem Betreffenden selbst herrührenden Samens ist doch äußerst unwahrscheinlich; einen solchen sich zu verschaffen, praktisch wohl kaum möglich. Natürlich wird man im Gutachten nur erklären, daß der überbrachte Samen befruchtungsunfähig ist, das Gericht kann dann auf einen Eid des Beklagten erkennen, daß dieses Sperma in der Tat von ihm stammt und wird wohl kaum je falsch urteilen, wenn es danach die Klage abweist. Ob eine zeitliche Azoospermie nach gehäuften Exzessen vorkommt, ist noch nicht ganz sichergestellt, sie scheint uns aber auch so ungewöhnlich zu sein, daß man von ihr wohl absehen kann.

Der Nachweis, daß die im Kondom überbrachte Masse überhaupt Samenflüssigkeit darstellt und nicht etwa eine andere orga-

[16]) Ärztl. Sachverständigen-Zeitg. 1921, Nr. 22. — Ebenso haben wir bisher nie uns veranlaßt gesehen, Samen durch Hodenpunktion zu gewinnen. Das sonst gewiß zweckmäßige Verfahren dürfte bei gerichtsärztlichen Untersuchungen meist weder beweisend noch notwendig sein.

nische Absonderung, wird insbesondere in exakter Weise dargebracht durch die, wenn auch nicht absolut, doch hinreichend beweisenden Kristallreaktionen. Sowohl die von Florence als die von Barberio ist nicht von den Spermatozoen selbst abhängig und gelingt auch bei spermatozoenfreiem Samen.

Nicht beweisend ist für Zeugungsunfähigkeit die Bewegungslosigkeit der Samenfäden in einem Sperma solcher Herkunft. Hier wird man immer mit einem Erlöschen der Bewegung in der Zwischenzeit zwischen Ejakulation und Untersuchung rechnen müssen, unbeschadet des mehrfach festgestellten möglichen längeren Erhaltenbleibens der Bewegung des in Samenblasen oder der Harnröhre gefundenen Sperma nach dem Tode des Individuums. In einem solchen Falle wird man also zu einer anderen Methode der Samengewinnung greifen müssen, die die Untersuchung der frisch entleerten Flüssigkeit ermöglicht.

Am wenigsten anstößig ist hier sicher die Expression der Samenblasen vom Mastdarm aus durch den untersuchenden Arzt und es ist nichts dagegen einzuwenden, wenn sie in erster Reihe versucht wird. Sie gelingt allerdings nicht stets. Beweisend ist auch hier wieder ein normaler Spermabefund, auf Grund dessen die Zeugungsunfähigkeit unbedenklich verneint werden kann. Bei abnormen Befunden, sei es Fehlen oder Unbeweglichkeit der Samenfäden, wird immer der Einwand möglich sein, daß nur die Prostata oder nur die Samenblasen bzw. die Ampullen der Samenleiter ausgedrückt worden sind. Man wird daher in einer Reihe von Fällen schließlich doch zu dem gewiß etwas peinlichen Vorgehen greifen müssen, daß der zu Untersuchende durch masturbatorischen Akt das Sperma, wenn auch nicht gerade in Gegenwart des Untersuchers, so doch in einem Nebenraum unter Umständen, die jede Unterschiebung ausschließen, entleert. Wenn er erklärt, daß ihm dies unter keinen Umständen möglich ist, so hat er den, wie gesagt, ihm zumeist obliegenden Beweis der Zeugungsunfähigkeit eben nicht geführt. Ein Hinweis hierauf genügt in der Regel, um einen Erfolg zu erzielen.

Uns ist vor kurzem ein Fall vorgekommen, in dem der mit der Begutachtung beauftragte Kreisarzt diese unter der Begründung ablehnte, daß er ein solches Gutachten nur abgeben könne, indem er den Beklagten zur Onanie veranlasse, daß er aber bei pflichtgemäßer Erfüllung seines Berufes alle gesundheitlichen Schädlichkeiten, also auch die Onanie, bekämpfen müsse. Diese Bedenken sind wohl übertrieben, die einmalige Ausführung eines solchen Aktes, der zumeist den Betreffenden nicht mehr neu zu sein pflegt, kann kaum als eine besondere Schädlichkeit angesehen werden. Der Schaden wäre jedenfalls größer, wenn die Gerichte, wie es bei solchem Vorgehen der Fall sein würde, außerstande gesetzt wären, über Zeugungsfähigkeit oder Zeugungsunfähigkeit einer Person ein Urteil zu gewinnen.

Ergibt auch die Untersuchung des so gewonnenen Samens das Fehlen von Spermatozoen, so kann Zeugungsunfähigkeit angenommen werden, auch wenn die gewöhnliche Ursache der Azoospermie, die Nebenhodenentzündung nach Gonorrhöe, sich durch die objektive Untersuchung nicht mehr feststellen läßt. Es gelingt erfahrungsgemäß häufig nicht, Verdickungen oder sonstige Veränderungen am Nebenhoden noch nachzuweisen, manchmal mag in solchen Fällen gar keine Entzündung des Nebenhodens selbst, sondern vielmehr des Vas deferens vorgelegen haben[17]).

Eine Oligospermie, eine Verringerung der Zahl der Spermatozoen beweist eine Zeugungsunfähigkeit nicht. Entweder handelt es sich um einen dauernden Zustand, der manchmal darin seine Ursache hat, daß nur ein Hoden vorhanden oder funktionsfähig ist. Ein solcher Zustand ist für die Begattungsfähigkeit vielleicht nicht ganz gleichgültig; je zahlreicher die Spermatozoen sind, die die Eizelle umschwärmen, desto eher wird eine Vereinigung dieser mit einem von ihnen gelingen. Aber schließlich ist es doch immer nur ein Samenfaden, der die Befruchtung bewirkt und es liegen doch genügend positive Erfahrungen dafür vor, daß Befruchtung eingetreten ist, sowohl beim Monorchismus, bei dem vermutlich der zweite zurückgebliebene Hoden funktionsunfähig war, als bei Durchtrennung des Vas deferens auf einer Seite durch den Seitensteinschnitt, als endlich bei anderweitiger operativer Entfernung des einen Hodens[18]). Oder aber die Oligospermie ist das Vorstadium der Azoospermie, die Folge eines in der Entwicklung begriffenen Krankheitsprozesses. Sie ist alsdann für den Arzt als Eheberater gewiß bedeutsam, für uns aber, die wir die Vergangenheit und nicht die Zukunft zu beurteilen haben, nicht zu verwerten.

Die schwierigste Aufgabe ist zurzeit für uns die Beurteilung einer wirklich nachgewiesenen Nekrospermie. Man würde einen solchen Samen für befruchtungsunfähig halten müssen, wenn nicht die Möglichkeit besteht, daß nach Hineinspritzen in den Mutterhals durch die Mitwirkung des Uterussekrets noch nachträglich die Spermatozoen die Bewegungsfähigkeit erlangen, die ihnen durch das Fehlen des normalen Prostatasekrets bis dahin entzogen ist. Ob eine solche Wirkung des Uterussekrets stattfindet, ist noch nicht sicher entschieden. Fürbringer, der berufenste Sachverständige auf diesem Gebiete, ist neuerdings geneigt, sie zu verneinen und die Nekrospermie als einen Zeugungsunfähigkeit dartuenden Befund zu betrachten. Der Gerichtsarzt wird unter diesen Umständen unserer Überzeugung nach nur ein Wahrscheinlichkeitsgutachten abgeben können. Wenn eine Adoption in Frage kommt, durch die eigentlich niemand einen beachtenswerten Schaden erleidet, wird man den Befund wohl für ausreichend halten können, um, zumal in Verbindung mit der Tatsache dauernder ehelicher Unfruchtbarkeit, zu erklären, daß die Erzeugung natürlicher Kinder durch diesen Mann nicht zu erwarten steht. Wenn andererseits ein Mädchen seine Schwängerung durch einen Mann behauptet, bei dem sich Nekrospermie findet, wenn sie beeidet, daß sie mit keinem anderen verkehrt hat, und wenn nun, wie uns das vorgekommen ist, auf Veranlassung dieses Mannes ein Meineidsverfahren gegen sie eingeleitet wird, so werden wir

[17]) Posner (a. a. O.) hat Azoospermie infolge Leitungsstörung beobachtet, für die weder anatomisch noch ätiologisch eine Ursache festzustellen war.

[18]) Vgl. den psychologisch interessanten Fall von Gaulke. Vierteljahrsschr. f. gerichtl. Med. Bd. 24, 1863.

doch Bedenken tragen, ihre Aussage mit der Sicherheit als unwahr zu bezeichnen, die zu einer Verurteilung erforderlich wäre. Man wird ja bei all solchen Gutachten — das gleiche gilt auch für Fälle von Azoospermie — bedenken müssen, daß schließlich in der mitunter doch recht erheblichen Zeit zwischen der angeblichen Zeugung und der Untersuchung eine entsprechende Veränderung des Befundes stattgefunden haben kann.

Aus der Asthenospermie, der bloßen Bewegungsschwäche, würden wir jedenfalls eine Zeugungsunfähigkeit nicht erschließen.

Die uns etwa noch obliegenden anderweitigen anatomischen Untersuchungen bei der Frage der Zeugungsunfähigkeit, außer der Prüfung des Samens, liegen außerhalb des Bereiches dieser Abhandlung, sie geben auch kaum zu besonderen Bemerkungen Anlaß. Dagegen mögen noch zur Erläuterung des Besprochenen eine Anzahl von Beispielen aus unserer gerichtsärztlichen Praxis folgen. Eine Anzahl weiterer haben wir kürzlich an anderer Stelle mitgeteilt [19]).

4. Kasuistik.

1. Der zur Zeit der Untersuchung 17jährige Schreiber Arthur G. soll auf seine Zeugungsfähigkeit ein Jahr vorher untersucht werden. Er gibt dabei an, daß seit etwa $^1/_2$ Jahr er fast alle 4 bis 6 Wochen nächtliche Pollutionen habe, daß seit etwa der gleichen Zeit er beim Anblick von Personen weiblichen Geschlechts und beim Lesen sexueller Stoffe Erektionen habe. Das Tieferwerden der Stimme ist schon etwas früher aufgetreten, eine Größenzunahme und stärkere Behaarung der Geschlechtsteile schon vor etwa $^5/_4$ Jahren.

Die Untersuchung ergibt einen schwächlichen jungen Menschen mit doppelseitigem Lungenspitzenkatarrh, das männliche Glied etwas kleiner als normal, auch beide Hoden ein wenig kleiner, Haarwuchs an den Geschlechtsteilen normal, Bartwuchs gering, Stimme mittelkräftig.

Im Gutachten wurde erklärt, daß gegenwärtig der Beklagte als zeugungsfähig anzusehen sei. Ob schon vor einem Jahre, ließe sich nicht mit Sicherheit erklären. An und für sich sei es bei dem Lebensalter, das er damals erreicht habe, nach den vorliegenden Erfahrungen wohl möglich. Seine Angabe, daß er gerade zur fraglichen Zeit an Luftröhrenkatarrh mit Blutarmut gelitten habe, sei nicht wesentlich, es sei fraglich, ob eine solche Erkrankung auf die Zeugungsfähigkeit einen Einfluß habe, sicher mache sie es nicht unmöglich, daß aus einer Beiwohnung des Beklagten mit der Mutter des Kindes ein Kind erzeugt worden sei. Man könne danach die vom Gesetz verlangte offenbare Unmöglichkeit hier nicht dartun.

2. Der am 1. April 1916 von mir untersuchte 84jährige S. wird als Vater der am 16. Dezember 1915 von der ledigen Elisabeth G. geborenen Klägerin in Anspruch genommen. Er bestreitet den Geschlechtsverkehr innerhalb der Empfängniszeit nicht (!), behauptet

---

19) Ärztl. Sachverständigen-Zeitg. 1921, Nr. 14 u. 22.

aber Zeugungsunfähigkeit. Er sei seit Jahren Witwer. In seiner ersten 8jährigen, in seiner zweiten 13jährigen Ehe sei es nie zur Schwängerung der Frau gekommen. Bei dem Beischlaf mit der Elisabeth G. sei kein Samenerguß erfolgt.

S. erscheint bei der Untersuchung als ein alter Mann mit erheblichen arteriosklerotischen Veränderungen, chronischer Bronchitis und doppelseitigem Leistenbruch. Die Geschlechtsteile zeigen keine wesentliche Abweichung, die Hoden fühlen sich derb an, die Vorsteherdrüse fühlt man vom Mastdarm her ebenfalls hart und vergrößert. Bei Druck auf sie und auf die Samenbläschen entleert sich aus der Harnröhre eine weißliche fadenziehende Flüssigkeit, die mikroskopisch untersucht wurde. In keinem Präparat fanden sich Samenfäden. Mit Rücksicht auf diesen Befund und das weit vorgeschrittene Alter des Beklagten wurde mit einer an Sicherheit grenzenden Wahrscheinlichkeit erklärt, daß er nicht der Vater des klagenden Kindes sei.

3. Die Ehefrau Sch. ficht ihre am 30. Juni 1909 geschlossene Ehe an, weil der Kläger zeugungsunfähig sei, was sie vor der Ehe nicht gewußt habe. Er habe ihr erst später das gestanden, habe ursprünglich seine Zeugungsunfähigkeit auf eine Verletzung der Geschlechtsteile durch eine Wagendeichsel zurückgeführt, die eine Operation notwendig gemacht habe, später auf eine frühere Geschlechtskrankheit.

Der 25jährige Beklagte bestreitet beide Äußerungen, er sei nur lungenleidend gewesen, bringt auch ein ärztliches Zeugnis bei, daß er geschlechtsgesund sei. Er behauptet, vor der Ehe nie geschlechtlich verkehrt zu haben, bestreitet auch Masturbation; in der Ehe habe er mit der Frau normal verkehrt, habe auch seit der Trennung etwa alle 8 Tage nächtliche Pollutionen.

Die Untersuchung des gesund aussehenden kräftigen Mannes ergab, daß beide Hoden bedeutend kleiner als normal sind, von kindlicher Beschaffenheit. Der linke Nebenhode ist etwas verdickt, die äußeren Geschlechtsteile zeigen natürliche Gestalt. Der Beklagte wurde beauftragt, den nächsten nächtlichen Samenerguß aufzufangen und zur Untersuchung mitzubringen, tat das jedoch nicht und stellte sich nicht wieder vor. Es wurde im Gutachten erklärt, daß eine abnorme Kleinheit der Hoden vorläge, die angeboren oder erworben sein könne, erworben könne sie wieder sein infolge einer Verletzung oder infolge einer Geschlechtskrankheit, insbesondere einer doppelseitigen Nebenhodenentzündung nach Tripper, für deren Annahme die vorhandene Verdickung der Nebenhoden zu verwerten sei. Man könne nach dem Befunde eine Zeugungsfähigkeit des Beklagten zwar nicht völlig ausschließen, sie sei aber immerhin unwahrscheinlich.

4. Der Vormund des am 3. Februar 1917 von der unverehelichten Arbeiterin Martha W. geborenen Kindes nimmt als Erzeuger dieses den zur Zeit der Untersuchung (Oktober 1917) 42jährigen G. in Anspruch. Dieser hat Zeugungsunfähigkeit eingewendet, er habe vor 7 Jahren an einer Schenkelhautentzündung gelitten, sei damals mit stärksten Röntgenstrahlen behandelt worden. Der behandelnde

Arzt habe vorher seine Erlaubnis dafür eingeholt, da er durch die Behandlung zeugungsunfähig werden würde. Sein früherer Einwand, daß die Mündelmutter in der fraglichen Zeit mit Dritten geschlechtlichen Verkehr gehabt hätte, konnte durch die von ihm vorgeschlagenen Zeugen nicht bestätigt werden. Er gab uns an, daß er sich 1908 oder 1909 durch Reiten eine Entzündung der Schenkelhaut und der Haut des Hodensackes zugezogen habe, die im Krankenhause, nachdem alle früheren Behandlungsversuche versagt haben, durch dreimalige Röntgenbestrahlung behandelt und geheilt worden sei. Er verkehre im übrigen regelmäßig mit seiner Ehefrau; aus seiner Ehe seien 2 Kinder hervorgegangen, von denen das jüngste 12 Jahre alt sei. Seit 12 Jahren sei seine Frau nicht wieder schwanger geworden, obwohl er keine Vorsichtsmaßregeln beim Verkehr anwende. Er glaubt, daß er infolge der Röntgenstrahlen zeugungsunfähig geworden sei, meint auch bemerkt zu haben, daß sein Same dünnflüssiger als früher sei.

Der sonst gesunde Mann zeigte etwas geschrumpfte Hodensackhaut, Samenproduktion gelang ihm beim ersten Versuch nicht, wohl aber beim zweiten. Menge und Aussehen des Samens war die gewöhnliche, die mikroskopische Prüfung ergab zahlreiche, in lebhaft sich schlängelnder Bewegung befindliche Samenfäden, so daß erklärt werden mußte, daß in diesem Falle die Röntgenbehandlung eine Funktionsunfähigkeit der Hoden nicht zur Folge gehabt habe und der Beklagte nicht als zeugungsunfähig anzusehen sei.

5. Als Vater des am 9. August 1913 von der unverehelichten Anna N. geborenen Knaben wird der zur Zeit der Untersuchung (Juli 1917) 28jährige W. in Anspruch genommen. Er wendet seine seit dem Anfang 1912 bestehende Zeugungsunfähigkeit ein. Bei der Untersuchung gibt er an, im Jahre 1910 sich in Paris syphilitisch angesteckt zu haben. Seit 3 Jahren sei er infolgedessen sehr schwerhörig geworden, wiederholte Quecksilber- und Salvarsankuren sind bezüglich seines Gehörganges ohne Erfolg geblieben. Er ist Inhaber einer Maschinenfabrik und in dieser geschäftlich tätig. Mit seiner Frau verkehrt er regelrecht, allerdings selten. Da seine seit mehreren Jahren bestehende Ehe kinderlos geblieben ist, nimmt er mit Rücksicht auf seine schwere Erkrankung an, daß er zeugungsunfähig ist.

W. zeigt sich bei der Untersuchung bleich, schlecht genährt, macht einen recht kränklichen Eindruck. Die Schwerhörigkeit ergibt sich als eine vom inneren Ohr ausgehende. An den inneren Organen und von seiten des Nervensystems keine besonderen Abweichungen. Die Hoden sind etwas klein, in den Leistenbeugen finden sich zahlreiche schmerzlose Drüsenanschwellungen, am Übergang der Eichel zum Schaft des Gliedes eine alte kleine Narbe. Der Beklagte weigert sich entschieden, Samen zu produzieren, bringt aber nach einer Woche in einem Kondom den Samen, der nach seiner Angabe etwa vor einer Stunde beim ehelichen Verkehr entleert worden ist. Er ist von weißgelblicher Beschaffenheit in genügender Menge vorhanden. Die mikroskopische Untersuchung eines Tropfens ergibt zahllose, in lebhafter Bewegung befindliche Samenfäden. Hiernach wurde im Gutachten erklärt, daß der Beklagte wohl sicher eine schwere syphilitische Ansteckung durchgemacht habe, die seinen ganzen Organismus geschädigt habe, die aber nach seinen eigenen Angaben und dem Ergebnis der Untersuchung weder Beischlafs- noch Zeugungsunfähigkeit zur Folge gehabt habe.

6. Das Kammergericht verlangt ein Gutachten darüber, ob der am 21. November 1902 in D. verstorbene Theodor Sch. vom 28. September 1902 bis zu seinem Tode zeugungsunfähig gewesen ist. Seine Witwe, die inzwischen sich wieder verheiratet hat, hat am 27. Juli 1903 eine Tochter geboren, die demnach, wenn sie ehelich wäre, zwischen 28. September und 21. November erzeugt sein müßte. Nach dem Attest des Dr. R. befand sich die damalige Witwe Sch. am 18. Dezember 1902 im 3. Schwangerschaftsmonat. Nach Ansicht der klagenden Verwandten des Verstorbenen war dieser seit September 1902 an Lungenschwindsucht und Herzbeutelwassersucht so schwer krank, daß er wegen körperlicher Unfähigkeit seiner Ehefrau nicht habe beiwohnen und das Bett nicht ohne fremde Hilfe habe verlassen können. Die Mutter der Beklagten bestreitet das.

Der Nachbar F. sagt aus, daß Theodor Sch. im September 1902 ohne fremde Hilfe zum Kirchhof und zurückgegangen war.

Der Nachbar N. hat Sch. am 20. und 21. Oktober 1902 im Bett gesehen, er war nicht imstande, sich aufzurichten.

G. hat Sch. im September 1902 im Viehstall gesehen, wo er ihm mitteilte, daß er eine Kuh gekauft habe, Mitte Oktober habe er am Tisch beim Frühstück gesessen und im Gespräch dem Zeugen angedeutet, daß er noch im September und Oktober mit der Ehefrau geschlechtlich verkehrt habe.

L. fand Sch. immer im Bett und sehr schwach, schon Mitte September 1902.

B. sah ihn außer dem Hause noch im Herbst, auch 2 bis 3 Wochen vor seinem Tode konnte er sich noch allein aufrichten.

Frau S. bezeugt, daß er noch am 7. Oktober 1902 aufgestanden sei und am Ofen gesessen habe.

Dr. H. hat Sch. im Mai und Oktober 1902 wegen Tuberkulose behandelt. Er glaubt, daß dieser schon am 28. September nicht mehr fähig war, seiner Frau beizuwohnen. Am 4. *Oktober habe er eine Schwellung des Hodensackes konstatiert, die er als tuberkulös ansprach.* Sch. *habe aus diesem Grunde keinen zeugungsfähigen Samen mehr produzieren können.*

Dr. E. hat am 8., 15. und 24. September Sch. an Tuberkulose mit Bauchwassersucht, Schwellung der Beine und des Hodensacks behandelt und schließt eine Erektionsmöglichkeit aus.

Dr. R. hat Sch. zuerst am 1. Februar 1902 wegen tuberkulöser Lymphdrüsenschwellung am Halse in seiner Sprechstunde beraten. Am 14. und 29. Oktober 1902 besuchte er ihn im Hause, fand ihn beim letzten Besuche so schwach, daß jede selbständige Bewegung unmöglich war. Die Möglichkeit eines Geschlechtsverkehrs am 14. Oktober und 28. September will er nicht ausschließen. Er hat übrigens nur wassersüchtige Schwellung des Hodensacks, keine Tuberkulose der Hoden gefunden.

Die Mutter der Beklagten behauptet den Geschlechtsverkehr mit ihrem verstorbenen Mann im Oktober und November 1902, sie habe den Samenerguß gefühlt. Ein drittes Mal sei der Versuch mißlungen. Sie bestreitet einen außerehelichen Verkehr, der auch sonst nicht dargetan ist. Es wird festgestellt, daß Theodor Sch. ein am 28. August 1897 geborenes Kind seiner späteren Ehefrau gerichtlich als sein eigenes anerkannt hat; dieses starb am 20. September 1897. Ein zweites Kind kam ehelich am 2. April 1902 zur Welt und starb am 31. August 1902. Das dritte Kind soll die Beklagte sein.

Im Gutachten wurde zunächst erklärt, daß positive Aussagen in solchen Fällen wertvoller sind als negative. Die Zeugenaussagen, daß Sch. wenigstens vorübergehend so kräftig war, daß er sich außer Bett aufhalten und selbständig bewegen konnte, würden durch die entgegengesetzten Wahrnehmungen nicht widerlegt. Es müsse danach angenommen werden, daß er wenigstens zeitweise noch rüstig genug zum Beischlaf war. Es sei auch bekannt, daß gerade bei Tuberkulösen, trotz weit fortgeschrittener Erkrankung und großer körperlicher Schwäche, Neigung und Fähigkeit dazu erhalten bleiben. Die Zeugungsfähigkeit zu verneinen, sei nicht angängig. Es sei nicht einmal sicher dargetan, daß überhaupt eine tuberkulöse Erkrankung der Hoden bestand, noch viel weniger sei, worauf es ankomme, eine wesentliche Zerstörung beiden Hoden bzw. Nebenhoden durch den tuberkulösen Prozeß zweifelsfrei dargetan.

7. Der am 29. Juni 1863 geborene B. wird als Vater des am 14. Oktober 1904 von der unverehelichten J. geborenen Knaben in Anspruch genommen. Sie behauptet, daß er von September 1903 bis Juni 1904 mit ihr verkehrt hat. Er selbst bestreitet das, behauptet deren Verkehr mit anderen Männern und beruft sich schließlich auf seine Zeugungsunfähigkeit. Ein ärztliches Zeugnis erklärt sich für Unfruchtbarkeit des Beklagten, weil dieser angibt, an Lues gelitten zu haben, und weil seine Ehe steril sei. Die Ehefrau bestätigt, daß ihre 16jährige Ehe unfruchtbar geblieben sei, während sie 16 Jahre vor der Eheschließung von einem anderen Manne ein Kind geboren habe. Sie wisse, daß der Beklagte schon vor der Ehe wegen Syphilis behandelt worden sei.

Uns selbst gab dieser am 12. November 1906 an, daß er 1886 angesteckt wurde, wiederholte Kuren durchgemacht habe, die er durch Rezepte belegt, die bis zum Jahre 1901 reichen. Er habe mit seiner Frau normal verkehrt, ohne daß sie je schwanger geworden sei. Den Verkehr mit der Mündelmutter bestreitet er auch mir gegenüber. Die Untersuchung ergab kräftigen Körperbau, guten Ernährungszustand, kleine Hautnarben an Mundwinkeln und Schienbeinen sowie in der Übergangsfalte des Gliedes, Vergrößerung der Halslymphdrüsen, Glied, Hoden und Nebenhoden von gewöhnlicher Größe und Konsistenz. Der Beklagte übergab mir in einer kleinen Blechdose, in der früher Formanwatte enthalten gewesen war, angeblich 6 Stunden vorher entleerten Samen, der bei der mikroskopischen Untersuchung sehr zahlreiche, wohlgebildete, aber unbewegliche Samenfäden aufwies. Danach wurde erklärt, daß die syphilitische Erkrankung die für die Zeugung spezifischen Organe hier nicht ergriffen hat, was ja auch von dem Beklagten selbst nicht behauptet werde. Auf die mangelnde Bewegung wäre bei der Art der Samenkonservierung kein Wert zu legen. Es käme ja eventuell noch Untersuchung ganz frischen Samens ergänzend in Betracht, doch könne von dieser wohl abgesehen werden, da die Unbeweglichkeit der Samenfäden allein die Zeugungsunfähigkeit nicht beweise [20]). Die Unfruchtbarkeit der Ehe beweise nichts, die Ehefrau könne wohl nach der ersten Geburt konzeptionsunfähig geworden sein.

8. Der 31jährige F. hat mit der unverehelichten H., die am 20. Juli 1917 einen Knaben geboren hat, nach ihren und seinen eigenen Angaben in der Empfängniszeit verkehrt und wird als Vater dieses Kindes verklagt. Er behauptet zunächst, daß die Mündelmutter noch mit einem anderen Manne verkehrt habe, was diese bestreitet und auch der genannte Mann für die hier fragliche Zeit verneint. Der Beklagte wendet ferner Zeugungsunfähigkeit ein, er sei 1904 geschlechtskrank gewesen, von Dr. Engel-Reimers in Hamburg sei ihm „der Eierstock" entfernt worden, der Arzt habe ihm erklärt, er sei nun unfruchtbar. Seine jetzt einjährige Ehe sei auch unfruchtbar geblieben. Er verkehre übrigens regelmäßig mit der Frau, habe auch Samenerguß dabei, vor 6 Wochen habe er den im Kondom aufgefangenen Samen durch einen Arzt untersuchen lassen, der ihm danach erklärt habe, er sei zeugungsunfähig.

F. ist ein junger, gesund aussehender Mann mit mehreren Schankernarben an der Eichel, schmerzloser Schwellung der Leistendrüsen, anscheinend normaler Beschaffenheit der Hoden. Auf Aufforderung produziert er in wenigen Minuten eine Menge Samenflüssigkeit von dem gewöhnlichen Aussehen und gewöhnlicher Beschaffenheit.

Bei der mikroskopischen Untersuchung erscheint die Zahl der Samenfäden vielleicht etwas vermindert, eine Anzahl davon ist starr, andere aber in mehr oder weniger lebhafter Bewegung.

Nach diesem Befunde konnte eine Unmöglichkeit der Zeugung durch den Beklagten nicht festgestellt werden.

9. Der Vormund der am 8. November 1909 geborenen Charlotte L. klagt gegen den Reisenden Hans W., zurzeit 42 Jahre alt, auf Alimente. W. bestreitet nicht, der Mündelmutter, der ledigen Anna W., in der Empfängniszeit beigewohnt zu haben, behauptet aber, nicht zeugungsfähig zu sein. Er gibt bei der Untersuchung am 20. Juni 1911 an, niemals ernstlich krank gewesen zu sein, er habe aber mehrfach an Tripper gelitten, dabei ist auch einmal eine Hodenanschwellung vorhanden gewesen. Er habe viel getrunken. Seit 1891 ist er verheiratet, aus der Ehe stammen zwei gesunde Kinder. Im Jahre 1900 steckte er sich syphilitisch an, hat intensive Kuren deswegen vorgenommen. Seitdem ist die Frau nicht wieder schwanger geworden, obwohl er den Verkehr mit ihr in normaler Weise ausübt. Es scheint ihm, als wenn er dabei abnorm wenig Samenflüssigkeit produziert. Eine Blutuntersuchung 1911 nach Wassermann ist übrigens negativ ausgefallen.

Die Untersuchung ergibt eine Narbe an der Wurzel des Gliedes, Verdickung des Kopfes des linken Nebenhodens, sonst normalen Be-

[20]) Dieses Gutachten entsprach der damals herrschenden Anschauung.

fund. W. brachte demnächst mittags 1 Uhr im Kondom Samenflüssigkeit, die anscheinend nachts beim ehelichen Verkehr entleert war. Die mikroskopische Untersuchung ergab das Vorhandensein zahlreicher Samenfäden, die fast alle steif und unbeweglich waren, doch ließen sich ganz vereinzelt auch noch Bewegungen wahrnehmen. Es wurde danach erklärt, daß die Zeugungsunfähigkeit nicht als bewiesen gelten könne.

10. Der Großdestillateur Oskar L., 42 Jahre alt, soll der Vater der am 15. April 1912 geborenen Zwillingsknaben Willi und Hermann H. sein. Er wendet Zeugungsunfähigkeit ein. Vor 16 Jahren habe er eine Tripperer krankung durchgemacht; damals waren beide Hoden angeschwollen. Seit einer Reihe von Jahren ist er verheiratet, Geburten oder Fehlgeburten sind bei der Ehefrau nicht vorgekommen. Der Geschlechtstrieb ist angeblich wenig entwickelt, der Samenerguß gering. Den Verkehr mit der Mutter der Kläger gibt er an sich zu.

Die Untersuchung ergibt Erscheinungen einer leichten Neurasthenie, normale Verhältnisse an den Geschlechtsteilen; der von ihm produzierte Samen enthält zahlreiche Samenfäden, die sich zum Teil lebhaft bewegen. Die Menge ist allerdings etwas geringer als gewöhnlich, sie beträgt etwa 1 ccm. Es wurde erklärt, daß danach L. jetzt als zeugungsfähig anzusehen sei und daß auch Einwendungen gegen seine Zeugungsfähigkeit in der Empfängniszeit nicht erhoben werden können.

11. Am 7. Dezember 1912 klagt der Vormund des am 8. Oktober 1912 geborenen Erwin St. gegen den Kaufmann Max W., der in der Zeit vom 11. Dezember 1911 bis 10. April 1912 der Mündelmutter Hedwig St. beigewohnt habe. Der Beklagte wendet ein, daß die St. in der Empfängniszeit mit dem Zeugen S. verkehrt hat, der das auch für die erste Hälfte des März 1912 bekundet. Der Kläger wendet wiederum ein, daß bei Fräulein St. schon am 18. Februar und 3. März 1912 von Dr. Sch. eine Schwangerschaft festgestellt worden sei. Dieser erklärt, daß er am 3. März eine Größe der Gebärmutter zwischen Gänseei und Männerfaust gefunden habe. W. behauptet, erst am 21. Januar mit der St. verkehrt zu haben. Eine von ihm verursachte Schwangerschaft könne daher am 3. März noch keine solche Vergrößerung des Uterus herbeigeführt haben. Außerdem wendet er Zeugungsunfähigkeit infolge Syphilis und alter Hodenquetschung ein.

W. wird im Januar 1914 untersucht. Er gibt an, 51 Jahre alt zu sein, 1899 sich mit Syphilis angesteckt und bis 1902 mehrere Kuren durchgemacht zu haben. Er hat auch an Tripper und Hodenentzündung, allerdings nur auf einer Seite, gelitten und 1890 durch Sturz mit dem Pferde sich eine große Blutung am Hodensack zugezogen. Er hat jahrelang mit einem Mädchen ohne jede Vorsichtsmaßregeln verkehrt, ohne daß diese je schwanger geworden ist, glaubt deshalb zeugungsunfähig zu sein. Neuerdings haben sich wieder Geschwüre am Gesäß gezeigt. In der Tat ergibt die Untersuchung des für sein Alter noch recht jugendlich aussehenden Mannes an der linken Gesäßhälfte ein serpiginöses Syphilid, eine strahlige Narbe an der rechten Gesäßhälfte, eine Narbe in der rechten Leistenbeuge. An den Geschlechtsteilen keine Auffälligkeiten. Der von W. mir um die Mittagsstunde des folgenden Tages auf Anordnung mitgebrachte Kondom mit frisch entleertem Samen ergab die Anwesenheit zahlreicher sich lebhaft bewegender und gut ausgebildeter Spermatozoen. Es wurde erklärt, daß W. trotz seiner Syphilis nicht nachweisbar zeugungsunfähig sei, es läge auch kein Grund vor, eine Zeugungsunfähigkeit im Dezember 1911 und Januar 1912 anzunehmen. Der vom Arzt erhobene Befund spräche ja für eine schon 2 Monate bestehende Schwangerschaft, doch sei es bedenklich, die durch die Bauchdecken hindurch erfolgte Größenbestimmung zur Unterlage eines Gutachtens zu machen, das auf offenbare Unmöglichkeit hinzielen soll.

12. Im November 1916 untersuchte ich den zur Zeit $28^1/_2$ Jahre alten R. daraufhin, ob er im Jahre 1914 zeugungsunfähig gewesen sei und für die behauptete uneheliche Vaterschaft nicht in Betracht kommen könne. R. erklärte, 1912 sich einen Tripper zugezogen zu haben, der chronisch geworden sei. Damals habe er auch eine Hodenentzündung linkerseits gehabt. Seit der Zeit habe er Störungen des Geschlechtsverkehrs, entweder komme es überhaupt zu keiner Ejakulation, oder sie trete vorzeitig ein. Bei dem Verkehr mit der Mutter des Klägers am 7. Februar 1914 sei seines Wissens kein Samenabgang erfolgt. R. ist etwas blaß, das Glied ist ziemlich kräftig entwickelt, der Vorhautrest (rituelle Zirkumzision) befindet sich hinter der Eichel. Auf Druck tritt aus der Harnröhrenöffnung etwas trübe Flüssigkeit. Der rechte Hode hängt tiefer herab als der linke, die Oberfläche der Hoden ist glatt, auch an den Samensträngen lassen sich keine Verdickungen feststellen. Der durch Masturbation entleerte Samen zeigt milchige Farbe und zähe Beschaffenheit. Im mikroskopischen Bilde sieht man eine Anzahl Samenfäden, die zum Teil lebhafte Bewegungen zeigen. Im Gutachten wurde erklärt, daß bei R. im Anschluß an seinen chronischen Tripper wohl gewisse Abweichungen in der Beschaffenheit des Samens und vielleicht auch Störungen in der Ausführung des Geschlechtsaktes, wie er sie schildert, entstanden seien. Es lasse sich aber nachträglich nicht entscheiden, ob eine Störung in der Samenausscheidung auch während des hier in Betracht kommenden Geschlechtsaktes vorhanden gewesen sei und diesen unfruchtbar gemacht habe. Da eine Samenproduktion möglich sei, wie die Untersuchung ergeben habe und wie es bei dem nur einseitigen Auftreten der früheren Hodenentzündung von vornherein zu erwarten war, und da sich bei dieser Untersuchung auch lebende Spermatozoen zeigten, sei eine Unmöglichkeit der Zeugung durch R. nicht zu bekunden.

13. Der Vormund der am 14. Juni 1914 geborenen Rosa M. verklagt den Kaufmann Abraham St. als Erzeuger seines Mündels. Dieser bestreitet nicht, mit der Mündelmutter in der Empfängniszeit verkehrt zu haben, wendet aber Zeugungsunfähigkeit ein. Bei der Untersuchung am 1. März 1916 erklärt St., 51 Jahre alt zu sein, früher an Lungenkatarrh gelitten zu haben und neuerdings an Gallensteinanfällen sowie an Reißen. Er habe wohl 16mal Tripper gehabt. In der Jugend habe er viel onaniert, leide infolgedessen an

Erektionsschwäche. Der Verkehr mit der Mündelmutter sei ihm auch nur möglich gewesen dadurch, daß diese vorher an seinem Gliede gespielt habe. Unmittelbar nach der Einführung sei es zu einem an Menge geringen Samenerguß gekommen. Er glaube danach nicht zeugungsfähig zu sein.

Die Untersuchung des übrigen Körpers ergab keine objektiven Veränderungen. Das Glied war klein, der Vorhautrest lag hinter der Eichel, die äußere Harnröhrenöffnung war normal groß, frei von Sekret, die Hoden von mittlerer Größe, glatter Oberfläche, mäßig derber Konsistenz, keine Verdickungen an den Nebenhoden, keine Narben an den Geschlechtsteilen, keine Tripperfäden im Urin. Der durch Masturbation hervorgerufene Samen war von gelblich-weißer Farbe, schleimiger Beschaffenheit; mikroskopisch fanden sich vereinzelte weiße Blutkörperchen und reichliche Samenfäden, die sich lebhaft bewegten. Es wurde erklärt, daß die Möglichkeit psychischer Hemmungen bei der Erektion auf Grund früherer Onanie hier nicht zu beweisen, aber auch nicht zu widerlegen sei. Aber selbst, wenn man seiner Schilderung des Vorganges folgt, sei eine Befruchtung nicht ausgeschlossen, da er lebende Samenfäden produziert, die durch ihre Eigenbewegung, auch wenn sie nur in den Scheideneingang gelangt seien, bis zur Gebärmutter vordringen können.

14. Hertha K. wurde am 22. August 1914 von der ledigen Erna K. geboren. Vater soll der 32jährige F. sein, der den Verkehr in der Empfängniszeit zugibt, aber zeugungsunfähig zu sein behauptet. F. erklärt bei der Untersuchung am 20. November 1914, 32 Jahre alt und sonst gesund gewesen zu sein. 1903 und 1905 litt er an Tripper, der noch jetzt fortbesteht. Bei der zweiten Erkrankung bestand auch ein Geschwür an der Eichel, die Vorhaut mußte aufgeschnitten, eine Eiterung der Leistendrüsen operiert werden. Damals bestand auch Schwellung und äußerste Schmerzhaftigkeit beider Hoden, der Zustand bestand etwa 3 Wochen. Seitdem geht der Urin nur tropfenweise ab, der Samen ist dünnflüssig geworden, macht keine so festen Flecke mehr wie früher, die Erektion tritt nur selten ein, meist kommt es schon zum vorzeitigen Samenerguß. Er ist seit 1906 verheiratet, hat ein voreheliches Kind, das vor der letzten Tripperkrankung erzeugt ist. Später ist die Frau nicht mehr schwanger geworden.

Objektiv findet sich eine Narbe in der rechten Leistengegend, eine kleinere in der linken, ein Einschnitt am unteren Rande der Vorhaut, Rötung der Eichel, der rechte Hode ist größer als der linke, beide fühlen sich weich an. Die Vorsteherdrüse ist groß, läßt sich mit dem Finger nicht umgreifen, ist bei Berührung außerordentlich empfindlich. Die Kleidung riecht nach zersetztem Urin. Der bei der Untersuchung gelassene Urin kommt tropfenweise hervor, ist trübe, riecht nach Ammoniak, enthält etwas Eiweiß und Eiterkörperchen. Einige Tage später brachte F. gemäß Aufforderung den von ihm bei einem Coitus reservatus aufgefangenen Samen. Es war eine dünne, schwach gallertige Flüssigkeit, die reichlich Rundzellen, vereinzelte Epithelien, Stäbchenbazillen und einige Kokken, aber keine Gonokokken enthielt. Weder Samenkristalle noch Samenfäden ließen sich nachweisen.

Hiernach wurde erklärt, daß in der Tat F. an Harnröhrenverengerung, chronischem Blasenkatarrh, chronischer Entzündung der Vorsteherdrüse leide und infolge des Trippers, der diese Nachwirkungen hervorgerufen habe, offenbar auch an doppelseitiger Nebenhodenentzündung gelitten hat. Wenn der überbrachte Samen, wie anzunehmen sei, tatsächlich von ihm stamme, sei es offenbar unmöglich, daß das Kind von ihm erzeugt worden sei.

15. In einem Alimentationsprozeß Z. gegen P. hat Anna Z. am 10. April 1917 ausgesagt, daß P. in der Zeit vom 8. bis 12. Mai 1916 zweimal mit ihr den Beischlaf vollzogen habe. Schon die nächste Menstruation sei spärlicher als gewöhnlich gewesen, die zweitnächste sei völlig ausgeblieben. Der Arzt habe ihre Schwangerschaft festgestellt, sie sei bis dahin Jungfrau gewesen und habe bisher mit keinem anderen Manne Geschlechtsverkehr gehabt. Sie wurde dann auf Gerichtsbeschluß vereidigt.

P. hat am 30. August Strafantrag wegen Meineids gegen die Z. gestellt. In diesem Verfahren hat P. selbst den Verkehr mit der Z. überhaupt bestritten, er sei blasenleidend, könne deshalb sogar mit seiner Frau nur selten geschlechtlich verkehren. Die Z. habe sich mit anderen Männern abgegeben. Die Ehefrau P. bekundet, daß die Z. ihr gegenüber einen im Felde befindlichen Bräutigam als Vater des Kindes bezeichnet hatte, daß die Eltern der Z. und andere Personen sehr ungünstig über deren Lebenswandel sich ausgesprochen hätten. Ähnliche Äußerungen der Mutter der Z., die aber alle etwas allgemein gehalten waren, bekunden andere Personen. Auch ein Aufseher K. erklärt, daß die Z. im Juni und Juli Andeutungen über einen Geschlechtsverkehr mit anderen Männern gemacht hat.

Die Staatsanwaltschaft lehnte zunächst ein Vorgehen gegen die Z. ab, da das Zeugnis des P. und seiner Frau zur Überführung nicht ausreichte. Dieser erneuerte im Februar 1918 seinen Strafantrag und überreichte ein Attest des Dr. Ph., daß er zeugungsunfähig sei. In seinem Samen hätten sich bei der mikroskopischen Untersuchung keine Spermatozoen gefunden. Er habe früher von diesem peinlichen Zustand keine Mitteilung gemacht, weil er hoffte, auch ohne dies im Zivilprozeß obzusiegen. Die Staatsanwaltschaft lehnte erneut es ab, gegen die Z. vorzugehen, da das ärztliche Attest vom 13. Februar 1918 nicht geeignet sei, seine Zeugungsunfähigkeit im Mai 1916 zu beweisen. Auf erneute Beschwerde des P. wurde seine gerichtsärztliche Untersuchung angeordnet. Diese fand am 2. Mai 1918 statt, P. gab dabei sein Alter auf 51 Jahre an, er verkehre regelmäßig mit seiner Frau, aber nur selten. Es erfolge dabei eine Art Samenerguß, nach dem Akt könne er nur schlecht Urin lassen, weil seine Vorhaut stark verengt sei. Seine Ehefrau sei nie schwanger geworden. Er sei nie geschlechtskrank gewesen, habe aber früher viel Bier getrunken. Dr. Ph. habe er den beim Coitus reservatus entleerten Samen im Gummikondom zweimal überbracht. P. zeigt einen kleinen linksseitigen Leistenbruch, hochgradige Verengerung der Vorhaut, etwas Hochstand des linken Hodens. Durch

Masturbation Samen zu entleren, gelingt ihm angeblich nicht. Durch Druck vom Mastdarm aus wurde eine ganz geringe Menge Flüssigkeit erlangt, die das gewöhnliche Aussehen von Samenflüssigkeit hatte, farblose Blutzellen, viele Epithelien, Böttchersche Kristalle enthielt. Samenfäden waren nicht nachweisbar, die Florence-Reaktion fiel negativ aus.

Im Gutachten wurde erklärt, daß die hochgradige Verengerung der Vorhaut den Geschlechtsverkehr ja erschwere, aber doch nicht nach den eigenen Angaben des P. unmöglich mache. Ein befruchtungsfähiger Samen sei allerdings nicht festgestellt. Aber die Samenuntersuchung sei doch unter abnormen Verhältnissen erfolgt, teils durch Auspressen, teils nachdem der Same sich längere Zeit im Kondom befunden hat. Es sei doch bedenklich, daraufhin eine völlige Zeugungsunfähigkeit zu erschließen, insbesondere zu der schon 2 Jahre zurückliegenden Konzeptionszeit, zumal sich auch in der Vorgeschichte und bei der Untersuchung nichts ergeben habe, was Azoospermie bzw. eine Unfruchtbarkeit des Samens begründen könne. Wahrscheinlich sei die Unfruchtbarkeit des P. mit Rücksicht auf den mikroskopischen Befund und seine Kinderlosigkeit gewiß. Aber der völlig sichere Beweis für eine solche fehle doch.

16. Am 25. August 1915 wurde der 40jährige N. daraufhin untersucht, ob er in der Zeit vom 14. Februar bis zum 13. Juni 1913 infolge von Azoospermie zeugungsunfähig gewesen sei. Er ist als unehelicher Vater des von der unverehelichten Sch. am 13. Dezember 1913 geborenen Mädchens verklagt und vom Amtsgericht verurteilt. Er hat dagegen Berufung eingelegt mit der Begründung, daß er infolge früherer Krankheit zeugungsunfähig sei. Prof. P. bescheinigt unter dem 6. Juli 1915, daß N. ihm eine Probe seines Samens vom gleichen Tage überbracht habe und daß diese keine Spur eines Samenfadens hat erkennen lassen. Dadurch sei seine Zeugungsunfähigkeit sichergestellt. N. erklärte uns, daß er vor 22 Jahren sich einen Tripper zugezogen habe, der Blasenkatarrh und doppelseitige Hoden- und Nebenhodenentzündung zur Folge gehabt habe. Sein Same sei seitdem mehrfach von Ärzten untersucht und stets spermatozoenfrei gefunden worden. Neben sonst normalem Befund ergab die Untersuchung, daß die Nebenhoden als zwei harte, derbe, strangartige Körper fühlbar sind. Am folgenden Tage überbrachte N. im Präservativ Samenflüssigkeit, die er angeblich am gleichen Morgen entleert hatte. Sie zeigte den charakteristischen Geruch, war von zäher schleimiger Beschaffenheit und heller Farbe, enthielt Amyloidkörperchen, gab bei der Florence-Färbung zahlreiche deutliche Spermakristalle. Samenfäden fanden sich in keinem Präparat. Hiernach wurde N. für gegenwärtig zeugungsunfähig erklärt. Wenn bestätigt würde, daß schon früher — vor dem Jahre 1913 — Azoospermie bestanden habe, was nach seinen Angaben sehr wahrscheinlich sei, so sei das Kind offenbar unmöglich von ihm erzeugt.

17. Bertha M. hat am 12. November 1916 einen Knaben außerehelich geboren. Vater des Kindes soll H. sein, der in der Empfängniszeit der Mutter beigewohnt hat. Er wendet ein, daß auch W. mit der M. in der Empfängniszeit verkehrt hat. W. gibt den Verkehr im Jahre 1915 zu, er habe sich möglicherweise auch bis in den

Januar 1916 erstreckt. Er überreicht aber ein ärztliches Zeugnis, wonach der am 18. März 1917 von ihm im Kondom überbrachte Samen nur Leukozyten, Epithelzellen und Schleim enthalten habe, keine Spermatozoen. Indes genüge die einmalige Untersuchung des Materials, über dessen Ursprung nur die Angabe des Überbringers vorliege, nicht für ein abschließendes Urteil.

Zu der angeordneten gerichtsärztlichen Untersuchung erschien W. am 2. August 1917. Er gibt an, 67 Jahre alt und viel krank gewesen zu sein. Geschlechtskrank war er nicht. Schon seit 10 Jahren, und insbesondere auch bei dem Verkehr mit der M., sei er nie „fertig geworden“.

W. ist ein schwächlicher älterer Mann mit Krampfaderbruch, erheblicher Vergrößerung des linken Nebenhodens, während der Hode selbst auf dieser Seite klein ist. W. erklärt, daß er weder durch Masturbation, noch durch geschlechtlichen Verkehr Samen zur Untersuchung erzielen könne, die Ausdrückung der Samenblasen ist erfolglos. In dem danach gelassenen Urin, der sedimentiert wird, finden sich nur vereinzelte Epithelien und zerfallene Teile von weißen Blutkörperchen. Samenfäden oder Teile derselben sind nicht nachzuweisen. Mit Rücksicht auf das Alter des W. wurde es für glaubhaft erklärt, daß er keinen Samen mehr produziert, die Untersuchung durch Dr. F. sei wertvoll, da es kaum möglich sei, sich von anderer Seite Samenflüssigkeit ohne Samenfäden zu beschaffen, evtl. könnte W. noch als Zeuge darüber vernommen werden, daß jene Flüssigkeit von ihm stammt. Es sei sehr wahrscheinlich, daß der jetzige Zustand schon im Jahre 1916 bestanden habe und W. auch damals nicht mehr zeugungsfähig war.

18. Marie B. hat am 22. Januar 1915 ein Kind außerehelich geboren. Der Vormund des Kindes klagt gegen K. als unehelichen Vater, da er in der Empfängniszeit der Marie B. beigewohnt hat. K. wendet Zeugungsunfähigkeit ein. Bei der Untersuchung am 8. Juni 1915 gibt er an, 42 Jahre alt, noch ledig zu sein. Er hat in der Jugend viel onaniert, sei daher zum richtigen Geschlechtsverkehr nicht imstande. Die Erektion sei mangelhaft, Ejakulation trete erst nach Erschlaffung des Gliedes ein. Im Schlaf ginge öfter Samen ab. Auch bei dem achtmaligen Verkehr mit der Marie B. sei er nicht richtig in die Scheide gekommen, der Samen habe sich jedesmal vor dieser ergossen.

K. zeigt außer etwas beschleunigtem Puls und gesteigerten Sehnenreflexen keine besonderen Auffälligkeiten am übrigen Körper. Das Glied ist klein, auch die beiden Hoden etwas unter der Norm groß, mäßig derb, der linke steht etwas höher. Er entleert durch Masturbation weißgelbliche schleimige Flüssigkeit, die reichliche Spermatozoen enthält, zum Teil in sehr lebhafter Bewegung. Im Gutachten wurde gesagt, daß K. leichte Zeichen von Neurasthenie zeige, daß eine Störung der Geschlechtsfunktion, wie er sie schildert, möglich sei, daß es aber doch wohl zweifelhaft sei, ob bei dem Verkehr mit der B. wirklich aller Samen sich nur vor der Scheide und keiner in diese ergossen habe. Wenn das aber der Fall gewesen sei, so könne bei dem Vorhandensein zahlreicher, sich lebhaft bewegender

Spermatozoen eine Empfängnis bei jenem Verkehr nicht ausgeschlossen werden.

19. Der 42jährige Uhrmacher Sp., wegen Alimentation verklagt, behauptet zeugungsunfähig zur Empfängniszeit gewesen zu sein, wie er meint, wegen abnormer Verengerung der Vorhaut, die auch die Urinentleerung erschwert. Seine 15jährige Ehe sei kinderlos geblieben, während die Frau vor der Ehe ein Kind gehabt hätte. Er glaube, daß der am 19. April zur Welt gekommene Kläger wohl schon vor seinem Verkehr mit der Mutter, Mitte August 1919, gezeugt war. Er habe einmal Tripper gehabt, habe neuerdings über Müdigkeit und Schmerzen in den Beinen zu klagen. Körperlich zeigt er etwas Zittern, eine Phimose höchsten Grades, die Vorhautöffnung ist stecknadelspitzengroß, der Urin wird nur mit Mühe gelassen. Die Vorhaut unmittelbar um die Öffnung erscheint etwas narbig verändert, angeblich soll die Hebamme bald nach der Geburt die Öffnung zu erweitern versucht haben.

Im Gutachten wurde gesagt, daß die Klagen des Untersuchten an eine Rückenmarkskrankheit hätten denken lassen, die jedoch durch die Untersuchung nicht festzustellen sei. Er selbst suche ja auch die Ursache seiner Zeugungsunfähigkeit nicht in dieser, sondern in der abnormen Bildung seiner Genitalien. In der Tat beeinträchtigt diese die Aussichten für einen befruchtenden Beischlaf wesentlich und könne wohl die Ursache der Unfruchtbarkeit seiner Ehe sein. Wie der Urin, so sammle sich jedenfalls auch der ergossene Samen in dem Sack zwischen Eichel und der nahezu geschlossenen Vorhaut und fließe von hier nur ganz allmählich in minimalen Tröpfchen ab. Aber da auch in einem solchen eine nicht so geringe Zahl Samenfäden enthalten sein könne, so sei eine Befruchtung durch Sp. keine offenbare Unmöglichkeit.

20. Der Vormund der am 14. März 1912 geborenen Ella D., uneheliche Tochter der Friseuse Emma D., nimmt den Hilfsmonteur Richard W. als Vater des Kindes in Anspruch. Dieser wendet ein, daß auch B. innerhalb der Konzeptionszeit mit der Emma D. verkehrt habe. B. gibt als Zeuge die Tatsache zu, erklärt aber, daß er sich bei dem Geschlechtsakte eines Präservativs bedient habe, das nachher unversehrt war. Ebenso sagt die Mündelmutter aus. Die uns vorgelegte Frage, ob daraufhin die Unmöglichkeit einer Befruchtung der D. durch B. festgestellt werden könne, wurde verneint. Der Arzt erführe vertraulich nicht selten, daß Kinder in einer Ehe erzeugt wurden, obwohl der Ehemann in der fraglichen Zeit immer unter Gebrauch von Kondoms verkehrt und eine Zerreißung dieser nicht wahrgenommen habe. Bei der diskreten Natur dieser Mitteilungen würden sie naturgemäß nicht weiter veröffentlicht und fänden sich daher in der wissenschaftlichen Literatur kaum niedergelegt. Theoretisch aber erscheinen sie glaubhaft; da die befruchtenden Samenfädchen mikroskopisch kleine Gebilde seien, wäre es denkbar, daß sie durch Lücken im Gewebe des Schutzmittels austreten, die bei der Betrachtung mit dem unbewaffneten Auge nicht zu entdecken sind.

II. Der Nachweis eines Sittlichkeitsverbrechens.

Bei der gerichtsärztlichen Untersuchung, ob ein Sittlichkeitsverbrechen stattgehabt hat, spielt der Nachweis des Samens lange nicht eine so bedeutende Rolle, wie bei der Feststellung der Zeugungsfähigkeit. Aus der ganzen Zeit meiner Tätigkeit im Fache (6 Jahre als Assistent eines gerichtlich-medizinischen Instituts, 31 Jahre als Berliner Gerichtsarzt) stehen mir nur sechs schriftlich erstattete Gutachten zur Verfügung. Etwa ebenso groß mag die Zahl der Fälle gewesen sein, in denen ich auf Grund entsprechender Untersuchung mich nur mündlich zu äußern hatte. Es wird daher hier eine nicht ganz so eingehende Behandlung des Gegenstandes wie im ersten Teil der Arbeit erforderlich sein.

Die gesetzlichen Bestimmungen, die hier in Betracht kommen, sind behandelt in den §§ 173 bis 178 sowie 182 bis 184 des bisherigen Strafgesetzbuches, in den §§ 314 bis 327 (Abschn. 22) des neuen Entwurfs. Im wesentlichen sind es die gleichen Tatbestände, die im geltenden Recht und im zukünftigen mit Strafe bedroht sind. Der Entwurf gibt sie in einer mehr übersichtlichen Form und sie mögen deshalb im Anschluß an ihn hier zusammengefaßt werden. Danach wird wegen Notzucht (§ 314) bestraft, wer eine Frau durch Gewalt oder Drohung mit gegenwärtiger Gefahr für Leib oder Leben nötigt, den außerehelichen Beischlaf zu dulden. Wegen Schändung (§ 315), wer eine Frau, die bewußtlos, geisteskrank oder wegen Geistesschwäche oder aus anderen Gründen zum Widerstand unfähig ist, zum außerehelichen Beischlaf mißbraucht. Wegen Erschleichung des Beischlafes (§ 316), wer eine Frau dadurch zum außerehelichen Beischlaf bestimmt, daß er einen Irrtum erregt oder benutzt, in dem sie den Beischlaf für ehelich hält. Wegen Verführung (§ 317), wer ein Mädchen unter 16 Jahren zum Beischlaf verführt. Wegen Nötigung (§ 318), wer eine Frau durch Mißbrauch ihrer wirtschaftlichen Abhängigkeit zum außerehelichen Beischlaf nötigt. Wegen Blutschande (§ 319), wer mit einem Verwandten oder Verschwägerten absteigender oder aufsteigender Linie, mit Bruder oder Schwester den Beischlaf vollzieht. Ferner werden bestraft nach § 325 Männer, die miteinander eine beischlafsähnliche Handlung vornehmen, und nach § 326, wer mit einem Tiere eine solche Handlung vornimmt.

Unsere Rechtsprechung verlangt zur Feststellung des erfolgten Beischlafs nicht den Nachweis stattgehabten Samenergusses. Ein Eindringen des Gliedes in die Geschlechtsteile genügt zur Vollendung der Straftat. Trotzdem kann natürlich ein positiver Samenbefund ein wertvolles Beweismittel sein, ein negativer zusammen mit anderen Umständen geeignet sein, die Anschuldigung zu erschüttern. Beides gilt nicht nur vom gesetzwidrigen Beischlaf, den die oben angeführten Paragraphen betreffen, sondern auch von unzüchtigen Handlungen anderer Art, bei denen ebenfalls durch den gelungenen oder nicht gelungenen Samennachweis die Anschuldigung gestützt oder erschüttert werden kann. Hier kommen in Betracht die §§ 320 (Nötigung einer Frau zur Duldung einer unzüchtigen Handlung durch Gewalt oder Drohung), 321, der die Unzucht mit Kindern, 323, der die Unzucht mit minderjährigen Abkömmlingen, Schülern und Zöglingen usw., 324, der die Unzucht unter Mißbrauch der Amtsgewalt und 327, der die öffentliche Vornahme unzüchtiger Handlungen mit Strafe bedroht. Der noch nicht erwähnte § 322 setzt beiläufig besonders schwere Strafen fest, wenn die Verbrechen aus §§ 314, 315, 320 und 321 den Tod der Frau oder des Kindes zur Folge gehabt haben.

Die medizinisch-wissenschaftlichen Grundlagen für die Samenuntersuchung in Fällen von Sittlichkeitsverbrechen sind zum großen Teil die gleichen, wie die für die Beurteilung der Zeugungsfähigkeit. Es kann auf den entsprechenden Abschnitt verwiesen werden. Auch hier ist natürlich zu beachten, daß der männliche Samen infolge Azoospermie des Täters keine Samenfäden enthalten kann, es kommen die oben angeführten Azoospermie bedingenden Krankheitszustände in Betracht und daneben das freilich, wie schon gesagt, außerordentlich seltene zeitliche Freisein des Samens von Spermatozoen nach ungewönlich starken Exzessen in venere.

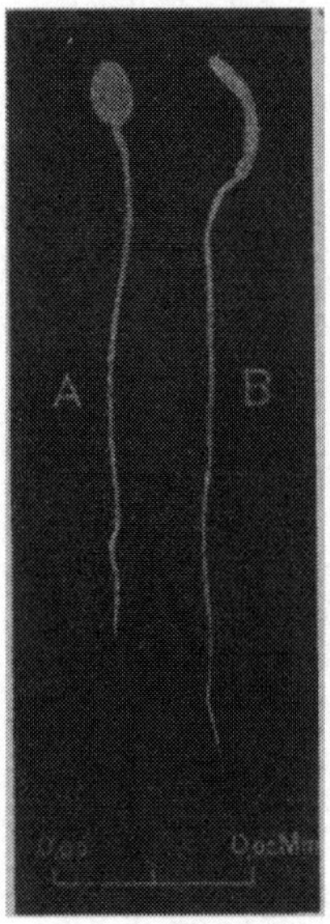

Fig. 1.
A. Samenfaden vom Manne. B. Samenfaden vom Hahne.

Bei Unzucht mit Tieren ist beachtenswert die verschiedene Form der Spermatozoen des Menschen und der einzelnen Tierarten. So hat Guillebeau[21]) eine Anzahl von Todesfällen bei Hennen nach Schändungsakten untersucht. Er fand fast regelmäßig eine Zerreißung der Leber mit starker, meist tödlicher Blutung, auch Knochenbrüche waren manchmal, ebenso wie jene Zerreißung, durch das Festhalten bewirkt worden. Einzelne Male fand sich eine Erweiterung der Kloake, einmal waren auf ihrer Schleimhaut menschliche bzw. Säugetiersamenfäden nachweisbar, deren Köpfchen sich durch ihre birnenförmige Gestalt von den ausgesprochen hakenförmigen des Hahnes deutlich unterscheiden (Fig. 1). Es ist dies allerdings auch, soweit ich die Literatur habe verfolgen können, der einzige Fall, in dem eine Sodomie durch den Spermanachweis gesichert werden konnte. In den sonst bekanntgewordenen Fällen[22]) kam ein solcher Nachweis nicht in Betracht, während die Feststellung von tierischem Blut, von Tierhaaren oder Federn an Täter oder Täterin, von Kratzstreifen an deren Oberschenkeln oder Bauch, von Verletzungen mannigfacher Art an dem mißbrauchten Tier mehrfach von Bedeutung waren.

Die gerichtsärztlichen Aufgaben sind dreifacher Art.

Es kann zunächst notwendig sein, bei einer frisch gemißbrauchten Person, Scham, Scheide oder Gebärmutterhals-

[21]) Schweizer Arch. f. Tierheilkde. 1899, H. 1.

[22]) Siehe u. a. Haberda, Vierteljahrsschr. f. gerichtl. Med. 1907, Suppl.-Bd., S. 184 f. — Hansen, Zeitschr. f. Medizinalbeamte 1899, H. 20. — v. Sury, Arch. f. Kriminalanthropologie Bd. 35.

kanal, und, wenn es sich um einen Coitus per anum handelt, den Mastdarm auf ergossenen Samen zu untersuchen. Es ist das schon mehrfach mit Erfolg geschehen. Wohl die älteste entsprechende Mitteilung ist die von Pfaff[23]), der mehrfach an den Schamhaaren genotzüchtigter Mädchen Spermatozoen fand. Der Gerichtsarzt selbst hat nur höchst selten eine solche Untersuchung auszuführen, an ihn gelangen die Fälle meist erst in späterer Zeit.

Häufiger haben wir die Aufgabe, die Leichen von Personen, die bei einem Sittlichkeitsverbrechen den Tod gefunden haben oder gefunden haben sollen, auf Spermagehalt zu prüfen. Beachtenswert ist hier natürlich die Tatsache, die auch bei entsprechenden Untersuchungen an Lebenden zu berücksichtigen ist, daß der Samen von einem etwas früheren Beischlaf herrühren kann, da ja die Spermatozoen sich tagelang in den Genitalien halten können. Besonders in den nicht so seltenen Fällen, in denen eine Prostituierte Opfer eines Verbrechens wird, wird man sich dieses Bedenkens erinnern müssen und nicht ohne weiteres auf Grund eines positiven Spermabefundes in den Genitalien behaupten dürfen, daß der Täter mit der Getöteten den Geschlechtsverkehr ausgeführt hat und daß es sich wohl um einen Lustmord handelt.

Bei einem offenbaren Lustmord an einem Kinde, der im kasuistischen Abschnitt noch genauer besprochen werden wird, mißlang der Nachweis des Samens, möglicherweise war er bei der durch die schwere Verletzung der Geschlechtsteile bewirkten Blutung und nachher bei der Zerstückelung und dem Treiben des Rumpfes im Wasser herausgeschwemmt worden. Vielleicht war aber auch der unter den Nachwirkungen eines Alkoholexzesses damals stehende Täter nicht zur Ejakulation gelangt. Ähnliche Beobachtungen konnten wir mehrfach machen.

In dritter Reihe, und das ist die am häufigsten an einen Gerichtsarzt herantretende Aufgabe, soll er Kleidungsstücke, insbesondere das Hemd einer angeblich stuprierten Person, auf das Vorhandensein von Samenflecken untersuchen. Zumeist handelt es sich ja um Kinderhemden, wie überhaupt bekanntlich Kinder das häufigste Objekt von Sittlichkeitsverbrechen sind. Während die Technik des aus den Genitalien entnommenen Sperma so einfach wie möglich ist, während man hier die betreffenden Massen unmittelbar mikroskopisch untersuchen kann, bedarf es bei solchen Flecken einer gewissen Vorbereitung, um den Nachweis von Spermatozoen zu ermöglichen, der verlangt werden muß. Das bloße Aussehen der Flecke, die gesteifte Beschaffenheit, die landkartenartige Zeichnung, ein bei der Aufweichung sich entwickelnder Geruch sind nicht ausreichend, wenn man ein Gutachten abgeben soll, das eine Verurteilung wegen schweren Verbrechens zu harter Strafe zur Folge haben kann. Hier werden wir immer den unbedingt beweisenden Befund voll ausgebildeter Spermatozoen erstreben müssen, da nur Teile der Samenfädchen, Köpfchen oder Schwänzchen durch andere Gebilde vorgetäuscht werden können. Auch den früher er-

---

[23]) Das menschliche Haar. Leipzig 1866.

wähnten Kristallreaktionen, die doch nicht streng spezifisch sind, wird man nur eine unterstützende Bedeutung zusprechen dürfen.

Der Nachweis solcher wohlausgebildeten und unzweifelhaft vollständigen Spermatozoen in alten Flecken ist nicht immer einfach. Er kann mißlingen, abgesehen von der oben erwähnten Azoospermie, wenn das Hemde ausgekocht worden ist [24]). Auch bei Vermischung des Samens mit Blut oder Kot scheint die Fäulnis rasch zu einem Zerfall der Spermatozoen führen zu können, der sie unkenntlich macht.

Im übrigen genügt es häufig, die befleckte Stelle mit Wasser zu befeuchten, sie dann mittels eines Glasstabes gegen den Objektträger anzudrücken und die auf diesen gelangende trübe Flüssigkeit zu durchmustern. Gelingt der Nachweis so nicht, so wird ein Teil des Fleckens oder dieser ganz in kleine Stückchen zerschnitten und diese je nach dem Grade der Eintrocknung minuten- oder stundenlang in destilliertem Wasser mazeriert. Dann kann man die Mazerationsflüssigkeit unter Umständen nach vorausgegangener Behandlung mit der Zentrifuge durchmustern. Meist kommt man so zum Ziel, doch gibt es Fälle, in denen besondere Färbungsmethoden erst den Nachweis ermöglichen. Nach mehrfachen entsprechenden Untersuchungen ziehen wir die von Baecchi angegebene allen übrigen vor [25]).

Ein etwa 1 qcm großes Stück des befleckten Stoffes wird $^1/_2$ bis 1 Minute in einer Lösung eines Teils 1proz. Säurefuchsinlösung, oder Methylblaulösung, oder einer Mischung beider zu gleichen Teilen auf 40 Teile 1proz. Salzsäure gefärbt. Danach in 1proz. Salzsäure ausgewaschen, an der Luft oder in absolutem Alkohol getrocknet, in viel Xylol auf dem Objektträger aufgehellt und in Balsam gebettet, und zwar die stärker gefärbte Fläche nach oben. Ältere und sehr alte Flecke müssen vor der Färbung $^1/_2$ bis 24 Stunden in Ammoniak (20 bis 30proz.) aufgeweicht werden. Das Ammoniak wird dann kurz mit destilliertem Wasser ausgewaschen. Bei sehr dicken und festen Geweben muß auf die Färbung im Stück verzichtet werden, man nimmt dann nur einzelne Fäden, die man ohne wesentlichen Schaden nach der Färbung und Entwässerung etwas in Xylol auffasern kann. Bei schwarzen Stoffen kann eine vorherige Entfärbung mit Wasserstoffsuperoxyd nötig sein. Bei dieser Methode färben sich besonders die Köpfe der Spermatozoen, während das Gewebe ungefärbt bleibt. Stärker samenhaltige Stellen heben sich schon von vornherein durch ihre lebhaftere Färbung von den schwächer gefärbten ab, so daß die Methode auch der Auffindung geeigneter Stellen dient. Es ist uns in einem Falle auf diese Weise gelungen, noch Samenflecke in einem Kinderhemdchen festzustellen, bei dem die einfacheren Verfahren versagt hatten. Bei der Baecchi-Färbung gelang es, mehrere Präparate mit unzweifelhaften zahlreichen Samenfäden darzustellen, die fest den Gewebsfasern anhafteten. (Fig. 2.)

Außer diesem Falle liegen mir 5 Gutachten über Untersuchung von Hemden vor, nur in einem ergab sich noch ein positives Resultat, in den anderen vier konnten Samenfäden nicht nachgewiesen werden. Der eine, der ein etwas höheres Interesse bietet, soll ebenso wie der obenerwähnte von Spermauntersuchung an den Genitalien eines zerstückelten Kindes als Kasuistik ausführlicher wiedergegeben werden.

1. Zu dem in einer westpreußischen Stadt tätigen Zahnarzt G. kam das — beiläufig auffallend hübsche — Dienstmädchen N., um

---

[24]) Mein Lehrbuch der gerichtlichen Medizin. S. 99.

[25]) Bezüglich dieser anderen Methoden sei auf Fraenckel a. a. O. und Hofmann-Haberda, Lehrb. d. gerichtl. Med. 1919, Bd. 1, S. 134, verwiesen.

sich zwei Zähne bzw. Wurzeln ziehen zu lassen. Auf ihren Wunsch sollte das in Chloroformnarkose geschehen. Der Zahnarzt bewirkte selbst die Narkose, nahm aber wegen eines dabei eintretenden Erregungszustandes von der Extraktion Abstand und ließ die Patientin erwachen. Während des größeren Teiles dieser Zeit weilte der kurz nachher gekommene Bürgermeister der Stadt, der ihn ebenfalls konsultieren wollte, im Wartezimmer nebenan, auch der Lehrling des Zahnarztes war zeitweise, wenn auch nicht dauernd, im Zimmer anwesend. Als die N. aufwachte, hatte sie das Gefühl, geschlechtlich gebraucht zu sein. Sie bemerkte, daß ihr Hemde naß geworden

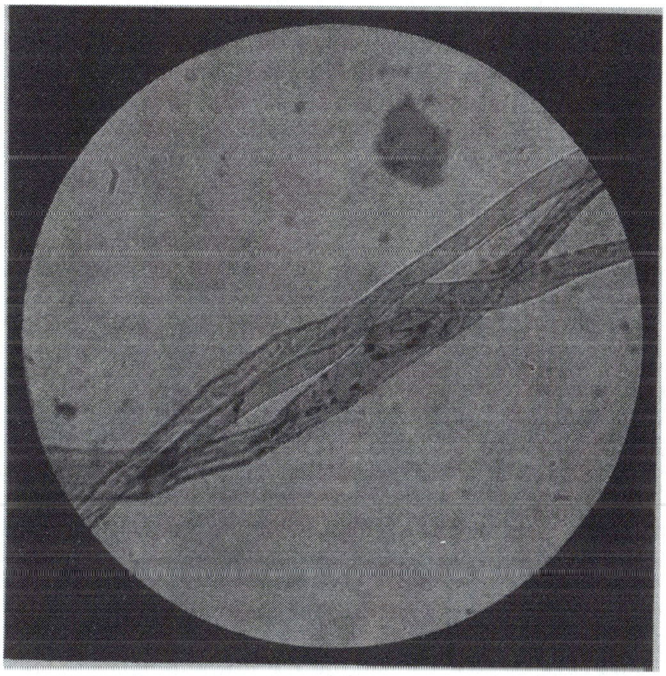

Fig. 2.

sei, sah auch einen größeren Fleck von Flüssigkeit auf der Erde vor ihrem Sitz. Sie ging dann nach Hause, dort traf sie kurze Zeit später die Dame, bei der sie in Stellung war, sehr verstört dasitzend. Auf ihre Frage: „Was ist Ihnen denn?“, antwortete sie: „Er hat mich gebraucht.“ Die Dame erklärte: „Das werden wir gleich feststellen.“ Beide begaben sich aus der Wohnung zu einer bekannten Hebamme, die das junge Mädchen untersuchte und bekundete, daß ihr beim Eingehen mit den Fingern in die Scheide ein dicker Strahl von Flüssigkeit auf den Arm gespritzt sei, den sie für Samen hielt, so daß sie sich veranlaßt sah, der Untersuchten zu sagen: „Na, Fräulein, der hat Sie aber gut vorgehabt.“ Es wurde daraufhin eine Strafanzeige erstattet, das Verfahren eröffnet und der Zahnarzt in Untersuchungshaft genommen, nachdem der ärztliche Sachverständige erklärt hatte, daß er auf Grund dieses Tatbestandes einen vollzogenen Beischlaf annehmen müsse. Die Hebamme sei wegen ihres Berufes und als Mutter mehrerer Kinder als fähig anzusehen, Samen als solchen zu erkennen, ihre Angabe müsse als zuverlässig gelten. Er veranlaßte die Untersuchung des Hemdes auf Samen durch den Gerichtschemiker Dr. J. Da diese Untersuchung kein Ergebnis hatte, bewirkte er auch noch die Übersendung des Hemdes an mich. Auch ich konnte keinen Samen nachweisen. Die Sache verschlimmerte sich für den Angeklagten dadurch, daß sich eine Frau meldete, die vor einiger Zeit von dem Betreffenden bei der Behandlung in gleicher Weise vergewaltigt sein wollte. Sie schilderte in der Hauptverhandlung vor dem Schwurgericht diese angebliche Vergewaltigung trotz der damaligen Narkose in so eingehender Weise und in einer so auffallend monotonen, fast visionären Sprechart, daß man unbedingt den Eindruck hysterischer Täuschung erhalten mußte. Was den Hauptfall anlangt, so war doch zu bedenken, daß die Menge eines Ejakulats nach den vorliegenden Messungen etwa $3^3/_4$ ccbm beträgt. Wie konnte, nachdem ein größerer Fleck im Hemde entstanden war, eine ansehnliche Menge Flüssigkeit auf der Erde sich befand, die angeblich Vergewaltigte vom Zahnarzt in die Wohnung, von der Wohnung zur Hebamme gegangen war, bei deren Untersuchung noch ein dicker Strahl von Flüssigkeit aus Samen bestehend vorhanden sein. Es muß doch wohl eine andere Art Flüssigkeit gewesen sein. Daß die Hebamme gerade zur Erkennung des Samens als solchen besonders befähigt sein sollte, wird man auch nicht zugeben können. Die Staatsanwaltschaft beantragte trotz dieser Bedenken die Verurteilung, die Geschworenen kamen aber zum Freispruch.

Nur mit dem Gefühl höchster Bitterkeit kann ich noch jetzt, nach 20 Jahren, an diese Verhandlung zurückdenken, die sich so ganz von allem unterschied, was ich sonst vor deutschen Gerichtshöfen erlebt habe und was mir meinen Beruf als deren ärztlicher Berater lieb und teuer macht. Mit einer mir noch nicht vorgekommenen Unhöflichkeit wurde ich 2 Tage vor dem Termin telegraphisch „bei 300 Mark Geldstrafe" geladen. Dem entsprach das weitere Vorgehen des Vorsitzenden. Als ich einen Mitsachverständigen leise auf das offenbar hysterische Wesen der obenerwähnten Zeugin aufmerksam machte, wurde mir dies in überhebender Weise als störend verwiesen. Meine Bitte, nach Erstattung des Gutachtens entlassen zu werden, da ich am nächsten Tage in Berlin einer Medizinalkollegiumssitzung beizuwohnen hatte, wurde schroff abgelehnt. Anstößiger noch als solches, schließlich nur meine Person treffendes Vorgehen war es aber, daß mir verwehrt wurde, auch sachlich die nötigen Aufklärungen zu geben. Ein vernommener ärztlicher Sachverständiger hatte über einen bekannten Fall berichtet, in dem ebenfalls ein Arzt wegen Unzucht in der Narkose angeklagt war. Der zugezogene Sachverständige gab im Termin an, daß einmal in seiner Gegenwart, in Gegenwart eines Assistenten und mehrerer Familienangehöriger ein junges Mädchen von einem Zahnarzt chloroformiert worden sei und trotzdem nach dem Erwachen fest dabei blieb, daß dieser sich an ihr vergangen habe. Der im Termin vernommene Kollege hatte den Bericht mißverstanden und gab an, daß in diesem geschilderten Falle Anklage erhoben und Freisprechung erfolgt sei. Der Vorsitzende erklärte mit Recht es für unmöglich, daß es in einem solchen Falle zu einer Anklage gekommen sei. Als ich das Mißverständnis aufklären wollte, wurde mir bedeutet, daß ich nur über die Untersuchung des Hemdes als Sachverständiger genannt sei und mich aller weiteren Erörterungen zu enthalten hätte. Ich konnte daher auch die oben angeführten Bemerkungen über die Menge des Sperma nicht machen. Am schlimmsten erschien es mir, daß mir auch verwehrt wurde, über das negative Ergebnis der Untersuchung durch den Chemiker Dr J. zu berichten, der selbst am Erscheinen verhindert war. Der Vorsitzende erklärte, da Dr. J. nicht da sei, müsse jene Bezugnahme auf ihn unterbleiben. Die Geschworenen blieben, wie mir einer derselben auch nachträglich noch bestätigte, auf diese Weise im unklaren darüber, daß auch jene Untersuchung ein negatives Ergebnis hatte. Es war wirklich ein Glücksfall, daß sie trotzdem zur Freisprechung kamen.

2. Am 9. Juni 1904 verließ die 9jährige Lucie B. unmittelbar nach dem Mittagessen die elterliche Wohnung, um auf dem Hofe zu spielen. Sie ist seitdem nicht wieder gesehen worden. Am Abend dieses oder des folgenden Tages stieg ein Mann mit einem Korb an einer nahe dem betreffenden Hause gelegenen Haltestelle auf die Straßenbahn und verließ diese dort, wo die Bahn die Spree kreuzte.

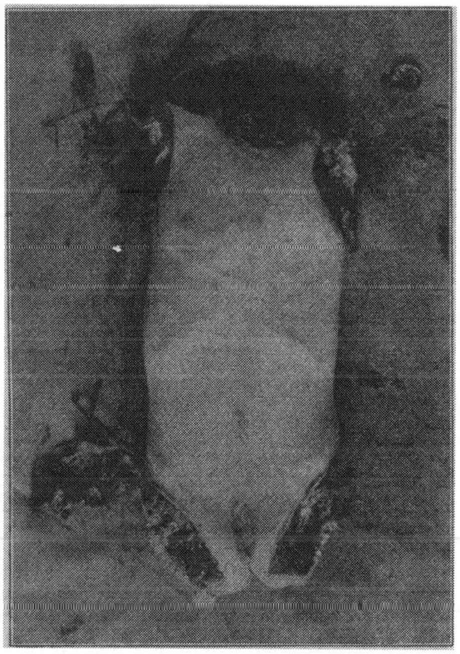

Fig. 3.
Lucie Berlin, 1904. Zerstückelung der Leiche. Rumpf, in der Spree gefunden. Schnitt in Mons veneris etc.

Am 11. Juni morgens 4 Uhr wurde ein Korb in der Spree nicht weit von der betreffenden Brucke beobachtet und herausgeholt. Der Korb hatte an seinem Boden Blutflecke und Teile eines roten Stoffes, die übereinstimmten mit dem roten Kleid, das das Kind getragen hatte. Etwa 4 Stunden später wurde ein kindlicher Rumpf etwas weiter unterhalb in der Spree treibend gesehen und gelandet. Noch weiter unterhalb wurde am 13. nachmittags Kopf und beide Arme, die zusammengepackt waren, gelandet. Am 17. früh wurde das rechte Bein, etwas später das linke Bein gesehen und aus dem Wasser geholt. Sie waren nicht ganz so weit getrieben worden. Alle Teile paßten zusammen, der ganze Leichnam wurde unzweifelhaft als der des vermißten Kindes erkannt. Das Aussehen des Rumpfes ergibt die anliegende Fig. 3, die Abtrennungen des Kopfes und der Glieder entsprachen den hier dargestellten Trennungsflächen. An ihnen zeigte sich nirgends die Spur einer Blutung, die Zerstückelung war offenbar nach dem Tode geschehen, um die Leiche besser verpacken zu können. Versuche, die wir anstellten, ergaben, daß sich alle Teile in den betreffenden Korb packen ließen. Dagegen war offenbar während des Lebens eine große Verletzung an den Geschlechtsteilen (Fig. 4) entstanden, in deren Umgebung sich noch Blutungen nachweisen ließen. Sie hatte wohl eine erhebliche Blutung nach außen

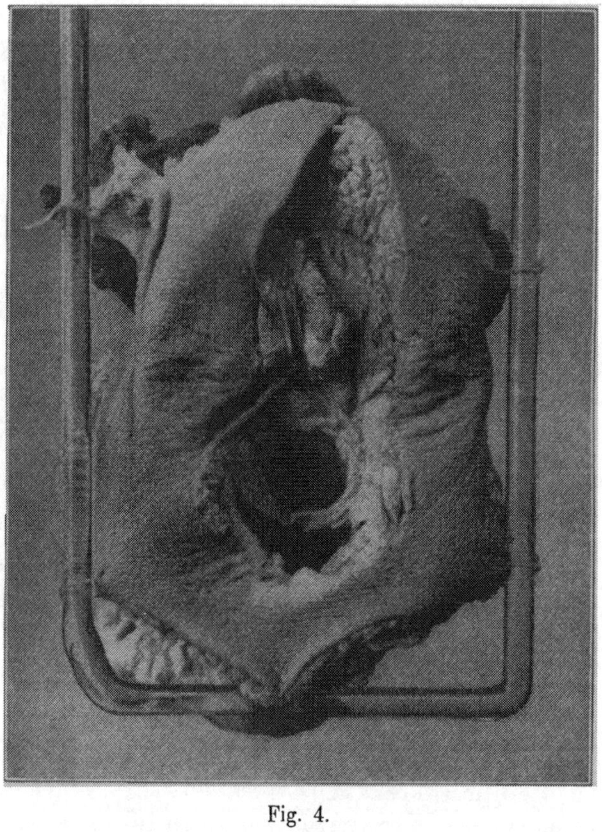

Fig. 4.

bewirkt, doch sprach der innere Befund mehr als für einen Verblutungstod, für einen solchen durch Erstickung, vielleicht durch Aufdrücken eines Kissens auf Mund und Nase. Es mußte als wahrscheinlich bezeichnet werden, daß die große Zerreißung an den Genitalien nicht durch ein eregiertes Glied entstanden sei, sondern daß der Täter wohl zunächst mit einer Hand in die Genitalien hineingriff, vielleicht während die andere Hand gleichzeitig das Kissen auf den Mund drückte, das Schreien verhinderte und die Erstickung bewirkte und dann erst das Glied in die gewaltsam erweiterten Geschlechtsteile einführte. Ein sicherer Beweis für eine solche Einführung war allerdings nicht möglich. Die sofort von uns vorgenommene Untersuchung des in der Scheide befindlichen sehr geringen Schleims, auch die des Gebärmutterhalses ergab nirgends das Vorhandensein von Samenfäden. Wir schlossen aber nicht aus, daß trotzdem ein Samenerguß erfolgt sei, da unter den obwaltenden Umständen der Samen sehr leicht wieder aus der Scheide herausgeflossen sein könne. Bemerkt sei noch, daß die Untersuchung des Mageninhalts vollkommen unverändert die Bestandteile des genossenen Mittagsmahles: Schweinekarbonade, Kartoffeln und Salat ergab, was ja auch dafür sprach, daß die Tötung gleich nach jener Mahlzeit geschehen war.

Der Verdacht der Täterschaft lenkte sich auf einen gewissen Be., den Zuhälter einer Prostituierten L., die neben der Familie B. wohnte und zur Zeit der Tat grade eine dreitägige Haftstrafe auf dem Polizeipräsidium verbüßte. Als sie zurückkehrte, vermißte sie ihren Korb und Be. gab ihr darüber eine unwahrscheinlich klingende Erklärung. Sie erkannte den aufgefundenen Korb mit Sicherheit als den ihren wieder. Be. hatte offenbar an jenem Tage unter den Nachwirkungen eines in der Nacht erfolgten stärkeren Alkoholexzesses gestanden, er scheint in der Tür der Wohnung der L. gestanden zu haben mitsamt deren kleinen Hund, mit dem das Kind B. gern zu spielen pflegte, als dieses vorbeikam. Es ist dann wohl mit beiden zum Zweck solchen Spielens in die Wohnung gegangen, hier müssen sich dann sexuelle Impulse bei Be. geregt haben, die ihn zu der Tat führten, welche anscheinend in der oben geschilderten Weise ausgeführt wurde. Er wurde, wenn auch nicht mit voller Sicherheit als jener Fahrgast der Straßenbahn wiedererkannt. Die Indizien waren so schwerwiegend, daß die Geschworenen trotz seines Leugnens keine Bedenken trugen, ihn zu verurteilen. Er wurde mit 15 Jahren Zuchthaus bestraft.

Anhangsweise mag dann noch der Ejakulation (und Erektion) beim Erhängungstode gedacht werden. Sie galt früher für eine regelmäßige Erscheinung bei dieser Todesart, später hat Casper ihr jede Bedeutung absprechen und alle entsprechenden Befunde auf passive Vorgänge zurückführen wollen. Die Erektion sollte nur eine Pseudoerektion sein, entstanden durch Blutsenkung an der Leiche, die bei dem hängenden Körper ebenso wie Beine und Därme auch das Glied betraf. Bei älteren Leichen könne es sich auch um Fäulnis handeln. Der Samen sollte durch Lähmung der Schließmuskeln in die Harnröhre treten analog dem agonalen Kotaustritt und nun beim hängenden Körper leicht aus der Harnröhre herausfließen. Es ist nicht zu bestreiten, daß solche passiven Vorgänge tatsächlich vorkommen. Aber es gibt doch sichere Beobachtungen in genügender Zahl, daß schon unmittelbar nach dem Tode, wenn von Hypostase oder gar Fäulnis noch gar keine Rede sein konnte, eine deutliche Erektion verbunden mit Ejakulation an der Leiche festzustellen war. Am Auftreten derartiger Erscheinungen beim Erhängungstod ist danach nicht zu zweifeln. Aber praktische gerichtsärztliche Bedeutung hat das Phänomen allerdings bisher noch nicht erlangt.

Otto Wigand'sche Buchdruckerei G. m. b. H., Leipzig.

FSC
www.fsc.org
MIX
Papier | Fördert
gute Waldnutzung
FSC® C083411

Kolibri 360 GmbH
Ferdinand-Jühlke-Straße 7
99095 Erfurt, Deutschland
produktsicherheit@kolibri360.de